カールチュア世界への誘い

クルマの図書館コレクション

内野安彦

はじめに

好きなものはなんですか、と問われたら、「図書館めぐりとクルマです」と即座に答える。ただし、面倒なのは「クルマ」である。この返答を聞き、人によっては次の質問がすぐに飛んでくる。

「クルマは何に乗っているのですか」である。

こちらも、その質問を待っていましたとばかりに「ロータス・エリーゼです」とか「スーパー7」とか返せるのならば、いい。しかし、マイカーが巷にあふれる一般的なクルマだと答えに窮する。「若いころはカルマンギアに乗っていましたが……」と前置きするのも言い訳がましい。

「クルマ」が趣味と聞けば、誰もが所有する車を想像するのは無理からぬこと。しかし、私の趣味についての質問に対して伝えたかったのは、クルマに関するあらゆるものが好きという意味である。とはいえ、これでは同好の士以外は即座に理解できないだろう。要するに私はクルマに関するものならば何でも集めたい（捨てない）という性癖の持ち主ということである。

例えば、ミニカー、カタログ、本、ピンバッジ、ノベルティグッズなど、クルマに関するものならばなんでも、である。ただし、量的な収集が目的ではないので、そのための散財はしない。基本はお金をかけないで集め、気になったものをときどき購入するといった具合である。

だから、趣味として自慢できるコレクションではない。ミニカーにしても２００台足らずである。カタログにしても３００点ほど。背広やジャケットのフラワーホール近くに付けるピンバッジにいたっては30個程度である。ミニカーならば、大好きなシトロエンやボルボといったメーカーを中心に集めるものの、コレクターのような網羅的な購入はしない。カタログも好きなクルマだけコレクションに加えるといった感じである。しかも、これらは同好の士はたくさんいるので、コレクターぶって多くを語るには全く値しない。

しかし、いままで一度も同じ趣味の人に会ったことがなければ、インターネットでも仲間を見つけられないでいるのが（私の検索能力にも原因があると思われるが）、新聞に掲載された自動車メーカーの広告のコレクターである。こちらも網羅的にコレクションしているわけではない。輸入車と一部の国産車に限定したコレクションで、収集歴はかれこれ20年となる。その数は７００点以上となる。同時に新聞に折り込まれるディーラーのチラシも輸入車に限り集めている。

同じ乗り物の世界でも、マニアックな話をよく聞くのが鉄道である。鉄道好きは「鉄ちゃん」「鉄子」と呼ばれ、こちらは社会の認知度は高い。好きなジャンルを、車両研究、写真（撮り鉄）、録音・音響（録り鉄）、模型、コレクション（収集鉄）、旅行（乗り鉄）、時刻表（時刻表鉄）、駅舎（駅鉄）、歴史などと細分化して、それぞれがしっかりと確立されているのがすごい。

一方、「クルマ好き」と言うと、高級車、スポーツカー、旧車といった実車のオーナーを指す言葉であり、鉄道マニアのような世界は構築されていない。もっとも、鉄道は車両のオーナーになれない（例外として、オーナーはいなくもないが）、という点でクルマと同じ土俵で語るのは難しい。

しかし、一例として雑誌で考えてみると、業界誌を除き、一般に流通している鉄道とクルマの雑誌タイトル数を比較するとクルマが鉄道を凌駕《りょうが》している。

また、フォルクスワーゲンのオーナーがワーゲングッズを身に付けるように、実車から関連グッズに派生していくマニアがいると考えれば、相当マニアックな世界が広がっていることは想像に難くない。例えば、販促商品の定番であるコンビニの缶コーヒーのオマケで考えてみよう。オマケの商品にクルマが多いと感じるのは気のせいだろうか。

本著は、こうした「クルマの世界」をちょっと覗いてみながら、私の専門とする図書館の世界に読者を誘うのが狙いである。

公共図書館は自治体の施設の中ではダントツの利用率を誇る。しかし、日頃利用しているのは市民の僅か2割程度でしかない。図書館を知らない（使わない）８割の方に図書館の世界を少しでも知ってもらいたいという切なる願いが本書にはある。現職の図書館員時代はいわずもがな、現職を退いた今でもその気持ちは変わらない。

一方、図書館員にはクルマをトピックスに選書というものを考えるきっかけになれば、という思いで綴ったものである。

なお、書名は非常に悩んだ。図書館員にも読んでほしいし、クルマ好きにも読んでほしい。となると、タイトルには「図書館」と「クルマ」は必須ワードである。あれこれ考えたが、奇を衒《てら》うと肝心の内容が伝わらなくなりそうで、結局、無難なタイトルに落ち着いた。

書名の「クルマの図書館コレクション」は、「クルマの図書館」のコレクションという意味と、「クルマに関する」図書館コレクションという二つの意味を持つ。

副書名にある「カールチュア」は私の造語である。リテラチュア（Literature）とカルチャー（Culture）を、クルマ（Car）を通して考えるということで閃《ひらめ》いた言葉である。突拍子もないアイデアを認めてくれた出版社の英断には感謝している。クルマ趣味がリアルな実車の世界のみならず、玩具を始めとした多様な趣味の世界が出版物として記録されることを期待した造語である。

拙書がそうした展開に微力でもお役に立てたとしたら幸甚である。

２０１６年７月吉日

内野安彦

クルマの図書館コレクション
～カールチュアの世界への誘い～

〈目　次〉

第2章　かくも楽しきクルマ広告の世界

第3章　もう少しコレクションの話を

第4章　だから図書館めぐりはやめられない　番外編

第５章　お気に入りの図書館を見つけよう

装幀・表紙作画　菊池　彰
本文イラスト　三浦なつみ

第1章　クルマ好きを解剖する

I　マニアックな雑誌の世界

書店に並ぶたくさんの雑誌。なかでも私が足繁く通うのがクルマの雑誌コーナー。マイカーを所有する少し前からの日課とまではいかないまでも週2回は欠かさない行為である。

『カー・アンド・ドライバー』『カーグラフィック』『ティーポ』『オールドタイマー』など、一時は定期購読していたが、とにかく、この棚の前では1時間居ても飽きることはない。たかがクルマ、されどクルマなのである。新車を買う予定もないのに、いや、クルマを買い替えたばかりでも、新車情報の雑誌の頁をめくるのは何故だろう。モータージャーナリストの試乗記を立ち読みしたところで、何の役に立つわけでもない。コーナリングがどうこう、シートのホールドがどうだろうと、買うわけではないのだから、ムキになって読む必要はない。しかし、新車は気になる。ところが、新車は買えない（笑）。

こんな繰り返しを40年もやってきた。これまで購入した雑誌の大半はゴミとして出してきたが、資料的に価値のある特集を組んだ号は大切に保管してきた。

クルマの雑誌で特に資料的な価値の高いものの一つに『カーグラフィック』がある。この雑誌だけは捨てないで持っている、という同好の知人は多い。ただし、重量のある雑誌なので書架の負担が大きく、以前、知人から10年分ほどまとめていただいたことがあった。

女性誌、男性誌とまではいかないまでも、クルマの雑誌は書店の趣味系の棚ではかなりなタイトル数を誇る。同じ「乗り物系」でも、バイクや自転車に比べ、その数は圧倒的に多い。関心のない方には「単なるクルマの雑誌でしょ。なにが違うの」と訝《いぶか》しがられるかもしれないが、ところがどっこい、似て非なるマニアックな世界が互いに主張し合っているのである。

どこかの機関が一定の基準をもって分類しているか否かは承知していないが、業界誌を除き、大きな書店においては100タイトルを超えると思われる。1万誌以上の雑誌を取り扱う日本最大級の雑誌専門サイトであるFujisan.co.jpのカテゴリーは、「カスタムカー・バイク雑誌」「外車・輸入車雑誌」「4WD・RV雑誌」の三つに分けられているが、こんなカテゴリーではとても仕分けしきれるものではない。極端に言えば、クルマ雑誌に限らず、当然ながら雑誌は、それぞれ他誌との差別化を図っているので一誌たりとも同じ編集方針のものはない。ただ、志向が近いという感じで私なりにカテゴリー化すると、次ページ表1のようになる。

ちなみに、対象とした雑誌は、季刊以上の刊行頻度の逐次（定期）刊行物で、中古車情報

表1

カテゴリー	主な雑誌名
総合	「カーグラフィック」「モーターマガジン」
新車情報	「月刊自家用車」「ドライバー」
旧車	「オールドタイマー」「ノスタルジックヒーロー」
ピクニック	「オートキャンパー」「カーネル」
輸入車	「ル・ボラン」「ティーポ」
国別	「Aカーズ」「ジャーマンカーズ」
メーカー別	「ホンダスタイル」「オンリー・メルセデス」
車種別	「Kスタイル」「トラック魂」「スタイルワゴン」
高級車	「VIPスタイル」「ロッソ」「ゲンロク」
メカニック	「オートメカニック」「モーターファン・イラストレイテッド」
単独車	「ハイエーススタイル」「GT-R マガジン」
カスタム	「オプション」「カスタムカー」
ドラテク	「チャンプロード」「ドリフト天国」「レブスピード」
その他	「ガレージライフ」「カー・グッズ・マガジン」

誌を除く81誌（機械雑誌に分類される「自動車技術」「自動車工学」等は含めない）。

また、『デイトナ』のようなクルマだけではなくファッションも含むものも除いた。

なお、業界誌、メーカーPR誌は、このサイトのカテゴリーに該当していないので除いてある。

これでも無理はある。「ちょっと、違うんじゃない」との読者の声が聞こえてくるのは重々わかっている。それほど各誌拘《こだわ》って編集されているし、読者層も違うのである。

しかし、公共図書館（以下、図書館と表記）のクルマ雑誌の棚を思い出してほしい。いったい何誌並んでいるだろうか。女性誌、男性誌のタイトル数に比べ、クルマ雑誌が5誌以上ある図書館は「特別な事情」があるところと断言してもよい。

勿論、多種多様なジャンルの雑誌を置くことが図書館の使命である。クルマ雑誌をそんなにたくさん置けないし、置くことを求めるものでもない。私が言いたいのは、クルマとはいえ、本当に多種多様な趣味の世界であるということ。だから、この図書館に「私の読むクルマの本がない」と言う利用者がいても不思議ではない。ゆえに、図書館のクルマの棚には、まんべんなく読者のいる総合誌の『カーグラフィック』、『モーターマガジン』、『カー・アンド・ドライバー』や、新車情報誌の『月刊 自家用車』が定番のコレクションとなるのである。

旧車マニアは『月刊 自家用車』に目を通すことは少ないし、国産車しか関心のない人は、趣味性の高いクルマ雑誌の『ティーポ』なんて、頁をめくってもチンプンカンプンのはず。そんな世界が、マニアの世界なのである。

図書館といえば、このように『月刊 自家用車』や『カーグラフィック』が定番ではあるが、『オールドタイマー』のある図書館や、驚くなかれ『ホンダスタイル』だって、ちゃんとあるところにはあることに気づいてほしいのである。

さて、クルマ好きで、なおかつ図書館好きという方がどのくらいいるだろうか。20人に1人、いや30人に1人ぐらいではないだろうか。ならば、ここから先は、図書館をほとんど利用したことのない読者にはお得な情報である。

まず、ご案内したいのは豊田市中央図書館。ここは日本で唯一（多分）の自動車資料コーナーがある図書館なのである（5章で詳解）。

現在収集している自動車雑誌は洋書、専門誌を含めて16誌（うち「モーターサイクリスト」はバイク雑誌）。ホームページには次のような説明がある。

中央図書館では、クルマの街・豊田市にちなみ、自動車資料コーナーを設けています。自動車会社の社史、自動車工学の専門書、世界中の自動車の紹介本、モータースポーツに関する本などといった、専門書から趣味に至る本まで、自動車に関するあらゆる分野の図書、雑誌を所蔵しています。

所蔵数は、平成26年4月1日現在、図書・雑誌は約5万8000冊（雑誌：約200タイトル）、カタログは約1万1000冊で、質・量ともに充実しています(1)。

驚くなかれ、120年以上前の1895年に創刊された世界で一番古い自動車雑誌である『AUTOCAR』を、なんと創刊号から所蔵しているのである。

もっとも、開架（資料が直接手に取って見られる書架）にそのような貴重な資料が置いてあるはずはなく、閉架（職員に資料の出納を請求する書架）に大事に保存してあるので、閲覧の可否については図書館で尋ねてほしい。

ほかにも『ROAD and TRACK』や『MOTOR TREND』といった洋書もあるので、クルマ好きにはたまらない場所である。

ただし、先述したように、自動車資料コーナーとは言いながらも、ドラテク（ドライブテクニック）、カスタム（ドレスアップやチューンアップ）、国別（アメリカ車やドイツ車）といったカテゴリーの雑誌はない。クルマ趣味の世界がいかに多岐にわたっているかということがわかると思う。

1955年にアメリカで創刊された『Car and Driver』の発行部数は120万部(2)。このアメリカ版との提携により、ダイヤモンド社から1978年9月創刊された日本版の本誌の発行部数は16万部(3)と大きな開きがある。英語と日本語という編集された言語のハンディキャップはとりあえず別にして、日本版が国内で売れていないのかと言えばそうではない。

数ある自動車雑誌の中で本誌の発行部数は決して少ない方ではない。

さて、豊田市は言うまでもなく、トヨタ自動車が本社を置く企業城下町である。ちなみに市制を敷いた当初は、「挙母市《ころもし》」という名称であった。しかし、１９５８年、商工会議所から市に対して市名変更の請願書が提出された。理由は二つ、「クルマのまち」として全国に知られるようになったことと、「挙母」というのが読みにくいとのことに依ることは一般に知られるところである。

トヨタが「豊田」ならば、富士重工業は「スバル」。この会社の群馬工場は太田市にあり、住所はスバル町１－１（豊田市にもトヨタ町がある）ある。いかに、自動車産業のまちへの貢献度が高いかがわかる例である。

さて、太田市立図書館の雑誌を見てみよう。

こちらは、豊田市と違い自動車雑誌の点数は他市となんら変わらない。スバルのまちにちなみ『ザッカー86アンドビーアールゼット マガジン』が置いてあると嬉しい、というのは私の個人的な気持ちである（２０１６年6月1日現在の所蔵調査）。

ニッサン（スカイライン）ＧＴ－Ｒ、トヨタ タウンエース等、「単独車」を扱う自動車雑誌はあまり多くない。かつては、『クラブ レガシィ』、『ＲＸ－７マガジン』などが発行されていたが、現在は休刊となっている。

スバル好きは「スバリスト」と呼ばれるくらい偏愛者が多い。販売台数でいえば国内5位。シェアは4・4%である。にもかかわらず、インプレッサ、BRZ、レガシィなど、その人気は根強く、かつては、スバルのエンブレムを捩《もじ》り『シックススター』という一般に流通する雑誌まで発行されていたのである。

太田市立図書館には失礼なことを書いてしまったが、本に関しては、スバル関連資料をしっかりと集めてくれている。スバリストには一度は訪ねてほしい図書館である。

熊本県大津町は、本田技研工業熊本製作所の企業城下町である。この町の図書館を初めて訪ねた時、全体の雑誌の点数の割に自動車雑誌のタイトル数の多さに驚いた。

『モーターマガジン』、『カー・アンド・ドライバー』などは図書館でお馴染みであるが、見慣れぬ『ホンダスタイル』が置いてあったのである。事前の学習不足で、本田技研工業があるまちであることを知らなかったのであるが、自動車雑誌のみならずバイクの雑誌も多く、直ぐにわかった。ホンダのまちである、と。案内してくれた図書館員に尋ねると、ずばり正解。この仕掛けには唸ってしまった。この感動は既刊の編著書『ちょっとマニアックな図書館コレクション談義』でも紹介しているし、講演会でも度々紹介させてもらっている。まさに図書館らしい仕事である。

図書館というと公共図書館を連想する人が多いと思うが、マニアを唸らせるのは公共よりも専門図書館である。

専門図書館と聞いてもピンとこない方も多いだろう。図書館の館種は、公共図書館、学校図書館、大学図書館、国立図書館、そしてこの四つ以外の図書館に専門図書館がある。設置者は官民問わず、公的機関や研究所、調査研究機関などで、特定分野の資料を収集・管理する図書館である。

となれば、当然「自動車（クルマ）」に関する図書館があっていいはず、と読者は思うだろう。お察しのとおり、自動車メーカー14社によって構成される一般社団法人日本自動車工業会によって運営される自動車図書館（東京都港区芝大門）がある（5章で詳解）。

まず、この図書館にある雑誌のタイトル数に驚かされる。一般に流通しているもの以上に目を引くのが業界誌と呼ばれるもの。まず、公共図書館ではお目にかかれないものばかり。初めてみる逐次刊行物に、自動車マニアの頬が緩み、図書館員は溜息をつくだろう。

クルマに関する書籍はもとより、統計関係の資料も充実。洋書も豊富でクルマ好きなら一度は訪ねてほしいところである。私はここで本の「存在」を知り、古書マーケットで何冊も垂涎《すいぜん》のアイテムを購入している。行く度、こんな本が会ったんだ、と宝探しである。

また、トヨタ博物館（愛知県長久手市）にあるライブラリーもなかなか充実している（5章で詳解）。ここは開架よりも閉架にある保存資料の充実ぶりに驚かされる。

開架の雑誌は24タイトル。カテゴリーは、「総合」「技術」「クラシックカー」「モータースポーツ」「RV・商用車」「広報紙」「その他」の七つに分類。「その他」には、ミニカー、プラモデル、スロットカーなど自動車模型の専門誌の『モデルカーズ』があるのが嬉しい。

クルマは実車だけではない。模型もマニアにはクルマそのものなのである。

さて、先ずは雑誌を見てきたが、他のジャンル同様に、休廃刊が著しい分野でもある。私がよく購入していた雑誌では『NAVI』『外車情報WHIZZMAN』があった。

また、公共図書館、専門図書館のコレクションを見て気になるのは、若者を中心とした嗜好のドリフトやカスタムといったジャンルの雑誌の収集・保存がされていないこと。時代を映す文化や流行を未来に残す資料として価値があると思うのだが、せめて専門図書館だけでも考えてもらえないだろうか。

加えて、クルマ雑誌は特定の車種に関して増刊が少なくない。私が不断に書店のクルマコーナーを覗くのはこのためである。日頃通っていないと、出会えないで終わってしまう「お宝」

が少なくないからである。

しかし、このお宝が図書館で買われることは少ない。なかには、企業城下町の地域資料として持っていてほしいものがスルーされていると、図書館好きには寂しくなるのである。

（1）http://www.library.toyota.aichi.jp/car/index.html

（2）http://www.caranddrivermediakit.com/r5/showkiosk.asp?listing_id=4170499

（3）http://mediadata.diamond.ne.jp/dcd/

II　玩具好きな男たち

私が持っている最も古いミニカーは、旭玩具製作所の「プリンススポーツ オープン」（商品カタログ表記のまま）である（スケールは43分の1）。

旭玩具製作所は1959年、日本で初めて「モデルペット」のブランドでダイキャストミニカーを製造・販売した会社である。私が生まれたのが1956年であるから、玩具としてミニカーを手にした最初の世代と言えるかもしれない。

かつての千葉県佐原市（現在の香取市）の玩具屋で買ってもらった記憶が鮮明に残ってい

る。買って早々にミニカーを落としてしまい、フロントガラス（ミニカーのガラスはプラスチック製）に傷をつけてしまった苦い思い出のあるミニカーである。

その後、記憶にあるものだけでも、スバル360、トヨタS800、マツダR360クーペなどを買ってもらった。多分、お気に入りの玩具の一つがミニカーだったのであろう。とはいえ、所詮、玩具である。畳の上を走らせたり、時にはクルマをぶつけ合ったりして、いつの間にか傷だらけになり、ゴミとなって捨てられてしまった。なぜ、プリンススポーツオープンが今も残っているのか。きっと割れたフロントガラスのせいのような気がする。どこか玩具に対してうしろめたい気がしていたのかもしれない。

このクルマの正式な名称は「スカイライン・スポーツ」である。「チャイニーズ・アイ」と呼ばれるつり目4灯のヘッドライトが特徴で、クーペとコンバーチブルの2タイプが設定されていた。生産台数は約60台と言われ、日産と合併する前のプリンスがイタリアのジョバンニ・ミケロッティとアレマーノ社にデザインを依頼して造ったクルマとしても知られる。国産車史上貴重な1台である。

私のミニカー歴（そんな大仰なものではないが）は、現在手元に奇跡的に残っているミニカーから推測して、多分、小学校低学年で終わった。社会人になり、実車のステアリングを握ったことで、実車とは一味違ったミニカーをはじめとするクルマの玩具に目覚めたのは、幼少時に買ってもらったミニカーが僅かに手元にあったことに依るかもしれない。

さて、ミニカーと言えば、中島登の『世界のミニカー』(保育社、1967年)を避けては語れない。カラーブックスの叢書の一冊として出された文庫サイズの本は、とっくにミニカーと縁遠くなっていた私には衝撃的な一冊だった。何がきっかけでこの本に出会ったのか記憶は定かではないが、刊行後数年経っていた中学校の終わり頃のことだと思う。

たかだか子どもの玩具と思っていたミニカーが、とてつもなく深遠な大人のコレクションであることを知ったことと、ミニカーの世界がこうして一冊の本になるということの驚きだった。ミニカーと本の両方に新しい世界を見た感じがした。こう書くと一笑に付されるかもしれないが、当時は現在のような情報社会ではない。大きな書店も、大きな玩具屋もない田舎に住む中学生にとって衝撃的な出来事であったのである。

この保育社のカラーブックスなる叢書は、1962年の創刊以来37年にわたり900点余が刊行された。中島氏は、この叢書で『日本のミニカー』(1977年)、『世界のミニカー2』(1980年)と続編を上梓。クルマ関係では、いのうえ・こーいちの『クルマ趣味入門』(1986年)や『スポーツカー 1966〜1970』(1987年)、いのうえ・こーいち、諸河久（共著）の『消防自動車』（1987年）等がある。また、31巻を数えた「日本の私鉄」は鉄ちゃん垂涎《すいぜん》のコレクションとして知られるなど、カラーブックスは様々なマニア向けの叢書として優れた作品を残した。

この叢書を網羅的に所蔵している図書館は少ないと思えるが、多くの図書館でそれなりの点数が所蔵されている。興味を持たれた方は近くの図書館でご覧になってほしい。

なお、1967年に出版された『世界のミニカー』が、国立国会図書館の図書館向けデジタル化資料送信サービス参加館（2016年7月4日現在698館）の館内端末で見ることができる。詳細は5章に後述するのでお試しを。

中島登は他にも多くの著書があるが、なかでも『モデルカー・コレクション』（ワールドフォトプレス、1998年）は秀作である。ミニカーファンならばご存知であろうが、これは図書館にぜひ置いてほしい資料価値の高いものである。

国産のミニカーと聞いて、「モデルペット」（現在は製造されていない）や「ダイヤペット」を想起する人は恐らくコレクター。多くの人は「トミカ」を思い浮かべるのではないだろうか。

先の二つのブランドは、国際スケールである43分の1のモデルが主であるが、トミカはご存知のとおり、大きなバスも小さな軽自動車も同じサイズの箱に入っていることから縮尺はまちまち。もともと、先行していたメーカーとの差別化を図るため、転がり抵抗の少ないスピード・ホイールを採用した小スケールモデルが特徴といえる。従来の国産メーカーのミニカーに比べて廉価で、しかも走行性能が高く、アクションも楽しめる点で、特に男の子たちの玩具の定番となった。

２００１年に、価格設定が大人向けのトミカリミテッドシリーズが登場。64分の1サイズのトミカリミテッド・ヴィンテージなど、扱う車種もマニアックな大人向けであったが、２０１３年に一端販売停止となった。

廉価のトミカが子どもの玩具かと言えば違う。大人たちにとっても垂涎のコレクションとして、古い製造年のものや限定商品などは高値で売買されているのである。

トミカ以外でも､国内では１９９０年代になって､京商（１９９１年）やエブロ（１９９７年）といったコレクター向けの新ブランドが登場。海外ではドイツのパウルズモデルアート社が「ミニチャンプス」というブランドを立ち上げた。ダイキャストを基本にした完全に大人向けのミニカーで、価格も子どもが容易に買えるものではない。私もこのミニチャンプスの製品は、気に入ったモデルを見つけた時に購入するが、先述したクルマ雑誌の増刊号同様、うっかり見過ごすとＳＯＬＤ ＯＵＴで地団駄を踏むことがしばしばある。

なぜならば、大人向けのミニカーは多品種少量生産。大半のモデルが5000台〜1万台しか生産されないと言われている。こうした背景もあり一定の市場が形成されたとの判断か、ミニカーファンにはありがたい本が刊行されるようになった。それは『ミニカー年鑑』である。出版社はクルマ関連の書籍をメインとするネコ・パブリッシング。2010年版から2016年版まで毎年発行されている年次刊行物である。2000台ほどのミニカーがオールカラーで紹介されているマニア必携の本で、中島登が『世界のミニカー』を上梓した当時とは、その製造点数において隔世の感がある。ミニカーのコレクションが大人の文化として育ってきた証拠であろうか。ミニカーマニアに限らず、クルマ好きにはたまらない一冊である。

ところが、どうも図書館職員には本書が知られていないのか、そもそもミニカーなんて、と選書からはじかれるのかわからないが、図書館での所蔵が極めて少ないのが残念である。

さて、話を再びトミカに戻そう。

このトミカ、国内だけで販売されているわけではない。世界に誇る日本の玩具である。累計出荷台数は2015年6月に6億台を突破。となると気になるのはどんな車種か、ということ。

同社によると、2005年〜2014年の10年間の販売台数ベスト5は(4)、

1位「No.41 モリタCD－I型 ポンプ消防車」
2位「No.4 ホンダVFR 白バイ」
3位「No.45 トヨタ ダイナ 清掃車」
4位「No.79 トヨタ ハイメディック救急車」
5位「No.108 日野 はしご付消防車（モリタ・スーパージャイロライダー）」である。
なんと、全て働くクルマ。
そうなのである、男の子（あえて）は働くクルマが大好き。図書館員なら誰もが周知の事実。私も図書館の現職時代、鉄道とクルマに関しては、舌を巻くような知識の子どもに何人も出会っている。児童書では求めに応じられず、一般書の棚を案内したことも度々あった。字もろくに読めないのに、流暢に口から出てくる電車や自動車の知識には驚かされたものである。
ネコ・パブリッシングのムック「はたらくくるま」や「特装大全」は、一般書であっても、働くクルマの好きな子どもには届けたいと思う一冊。コベルコクレーン、タクシー、ホイールローダ、航空車両など、児童書でも扱っているものはあるが、一般書の迫力はちょっと違う。お父さんと子どもが楽しそうに頁をめくる光景を見るのは、図書館で働いていて本当に幸せを感じるものである。図書館に置いてほしいシリーズである。

子どもが大好きな消防自動車が図書館の児童室からガラス越しに見える図書館があるのをご存知だろうか。遠方に小さく見えるのではない。ガラスに張り付くように消防自動車が佇んでいるのである。初めて同館を訪ねた時、「これって実際に働く消防自動車ではないですよね」と質問したところ、なんと大磯町消防団第11分団の現役の消防車と聞いて驚いた。

現在の大磯町立図書館の基本計画の中で、町民の防災意識の高揚に役立てるために消防車を置くことが記されていたということ。こんな消防自動車を間近に見ながら、本が読める大磯町の働くクルマ好きの子どもたちは幸せである。

なお、現在のクルマは、小型動力ポンプ付積載車、日産アトラス（6人乗り）とのことである。

また、福島県南相馬市立中央図書館の書架には、ミニカーがディスプレーされている場所がある。色とりどりの車両の「色」が本とは違った彩りを創り、館内の雰囲気を和ませている。図書館は「本」だけといった既成概念を払拭した書架の採用の妙技は見事である。また、ミニカーの展示協力を市民に求めることによるコミュニケーションづくりも大いに頷けるものである。玩具をもっと上手に使えば、図書館はもっと楽しく、面白くなると思うのである。

さて、働くクルマの代表と言えばトラックである。株式会社Ｊ・Ｄ・パワー アジア・パシフィックによる2016年日本大型トラック顧客満足度調査で7年連続第1位に輝いたのが日野自動車である。トラックメーカーの顧客満足を最も大きく左右する「車両」評価には、車両そのものの品質だけでなく、「営業対応」や「アフターサービス」といった人的要素の良否も深く関わっている事が明らかとなった、とのこと(5)。そんな日野自動車の本社があるのが東京都日野市である。

日野市立図書館の蔵書には、グランプリ出版の『国産トラックの歴史』(2005年)、『小型・軽トラック年代記』(2006年)、『トラックのすべて』(2006年)や、『現代のトラック産業』(交通研究協会、1998年)など、トラックに関する書籍がさすがに充実している。こうして、まちの産業に関係する資料を図書館がしっかり収集・保存していることを、図書館を日頃使われない市民に知ってほしいのである。

(4) http://www.itmedia.co.jp/lifestyle/articles/1506/12/news128.html

(5) http://prw.kyodonews.jp/opn/release/201601277387/

Ⅲ　玩具もいろいろありまして

かつて、小学館から『ラピタ』という面白い月刊誌が出ていたのをこの本の読者なら知っている方が多いと思う。キャッチフレーズは「大人の少年誌」だった。目次の扉に「この本は40歳以下の読者を想定していませんので、若者に意味不明な言葉があります。」という惹句が大好きだった。1996年1月号（発売は1995年）に創刊。定期購読誌の一誌として、カメラ、オーディオ、模型、クルマ、時計といった大人の趣味人を唸らせる特集を毎月楽しんでいた。

スタンダールの名作「赤と黒」をモチーフにしたツートンカラー、梶井基次郎の「檸檬」をモチーフにした万年筆を付録に付けたりした本当に面白い雑誌だった。ところが途中から『Lapita』に誌名が変更。編集内容も変わり、いつしか購読を止めた。理由は簡単。少年のような遊び心が誌面から感じられなくなったからである。ほどなく2009年1月に発売された2・3月合併号で休刊となった。

ラピタクラブに入会し、会員限定のグッズも何点か購入し悦にいっていた。写真の本革製ペンケースもその一つである（写真）。

ラピタクラブ会員限定グッズの本革製ペンケース

この『ラピタ』が好きだったところは、妻に見られたらヤバいといった編集だった。なぜならば、この雑誌は妻から夫に嫌疑がかかりそうな記事ばかりだからである。「また何か『つまらないもの』を買おうとしている。しかも私に黙って」となる。

なにせ「少年」である。しかも多少の蓄えがある「大人」である。財布は「お父さん」、気持ちは「子ども」。「買って！買って！」と泣き叫んでも決して買ってもらえなかった少年時代の苦い思い出。そういう琴線に触れるのである。まさにマニアックな大人には危険極まりない雑誌であった。

「大人の少年」の条件は、お金持ちではいけないこと。お金があれば何でも手に入る。何かを我慢して何かを買うという苦渋の決断とは無縁である。フェラーリが欲しくても買えないのが大人の少年なのである。

モーターファン別冊の『クルマのおもちゃ総合館』（三栄書房、２０１０年）という本がある（正確には雑誌コード）。

タイトルからして媚薬。表紙のど真ん中にあるコピーがあまりに危険。「おとなだって おもちゃが 欲しい！」

頁をめくると早速、こんな会話が出てくる。

「おもちゃ好きで何が悪い？」

「どこに置くのよ」

説明するまでもなく、先が夫の言葉で、後が妻の言葉。

しかも、この台詞は、テーブルに置かれたアルコール（お酒の種類は判別できず）が入った二つのグラスが語る吹き出しの会話であり、グラスの脇には黄色のロータス・エリーゼの玩具が佇んでいる。クルマがロータス・エリーゼってところがにくい。

いかがだろう。大人の少年なら、きっとわかるだろう。そして、不幸にして大人の少年を夫にしてしまった妻ならば（笑）。

この本は、まさに大人の少年、しかもクルマに魅せられた大人の脳内がしっかりと見える。くどいようであるが、決してお金持ちではない。職場や地域では「無趣味」で通っているような真面目なお父さんと想像される方が、この本の購入者としては適当かと思える。本物が買えないから、玩具や関連グッズで何とか自分を満たそうと思っている家族思いのお父さんなのである。

休日は国産のワンボックスカーに家族を乗せ、長距離であろうと往復運転し、ときおりすれ違う憧れのスポーツカーのエキゾーストノートに複雑な思いを馳せ、必死にリアルな車願望を押さえつけているのである。

先述したとおり一例に過ぎないが、こうした雑誌の別冊や増刊というのは、かなりアンテナが高くないとスルーしてしまう。実際、私もこの本は古書で入手したものである。

『モーターファン』は1925年に創刊され1996年に休刊となった斯界では知られた雑誌。現在は『モーターファン別冊』として、車種別の編集に加え、「すべてシリーズ」「歴代シリーズ」「特集シリーズ」「総括シリーズ」等、蓄積されたノウハウで自動車文化をしっかりと支えている。

しかし、『モーターファン別冊』に限らず、この種の本（雑誌）が図書館でほとんど購入されていない。購入すべき、と言うつもりはない。しかし、購入・保存していいはずの自治体（地域産業との関連資料として）の図書館ですら買われていないことは問題であると思う。

この『クルマのおもちゃ総合館』も同様、全国の図書館で所蔵館を探すのは大変である。この種の本はそもそも図書館で購入されないのか、というとそれは違う。

例えば、『大人のプラモデル入門』（宝島社、2016年）といった本の所蔵館は多くはないものの、それなりに収集はされている。個人的には、他のジャンルの所蔵数と比較してバランス的に少ないとは思うが、図書館にあることはある。しかし、『クルマのおもちゃ総合館』

はカーリルで検索すると、都内で所蔵するのは1館のみ（国立国会図書館は除く）。これは少なすぎないかなぁ、というのが実感。なぜならば、極めてマニアックな内容ではない、と思うからである。むしろ、お父さんたちの夢が詰まった本と言えなくもない。

図書館の利用者は市民の2割程度というのは冒頭に書いたとおり。8割の市民の中には、こういったお父さんたちがたくさんいることを図書館の選書担当に気づいてほしいのである。

未利用者の開拓は、図書館内にいてはできない、というのが持論。積極的に街に出て市民や地域と触れ合い、また書店の棚を常にチェックすることが図書館員の務めだし、そうしたコミュニケーションから得られる情報は十分に選書に役立つ。

さて、本書の中身であるが、「スーパーカーオーナーになろう」という見出しからして、オーナーになれない大人たちに向けたものである。本物は無理でも、フェラーリ、ポルシェといった憧れのブランドの傘、ペンケース、マグカップ、レタースタンド、トロリーケースなどのグッズならば買えなくもない。いつでも憧れのクルマの「エンブレム」の記されたグッズと一緒に暮らしたい大人にとって嬉しい一冊。

ミニカー、ブリキの玩具、木製の玩具、そしてレゴまで追求。特にレゴでつくる働くクルマは子どもも夢中になりそうである。

どうしてこの本を紹介したか。クルマ好きにはほとんど承知のことでも、図書館員には多少でも選書のネタにしてほしかったからである。そして、かつては飛ばし屋だったご主人を持つ奥様には、「一つくらい買ってもいいわよ」って言ってほしかったからである。

Ⅳ　こんなマニアもいるのです

挙げたら切りがない。だからほんの一部の紹介にとどまらざるを得ないことをお許し願いたい。

ここに挙げたのは、私も「わかる、その気持ち、よくわかります」というものに限った。決して同好のコレクターではない。でも、ちょっとしたきっかけで同じ行為に走らないとも限らないもの。またはそうしたかった、と今になって後悔しているものなど、魅力的なクルマ趣味の世界を案内しましょう。

草ヒロ

「草むらのヒーロー」を略して「草ヒロ」と言うらしい。どういう趣味かというと、屋外に放置された廃車の写真を撮ったり、見たりすることを趣味とする人たちがいる世界。私も正直言って嫌いではない。ただ、廃車を求めて歩きまわることはしないが、畑の片隅に何やらいろんなものを詰め込まれた軽のワンボックスや、車の中から雑草が繁茂している往年の名車など、偶然、そういうのを見かけた時は迷わず撮る程度である。そんな姿を見て痛々しいとは思わない。走るクルマとして現役は退いたにせよ、オブジェ（この表現も変だが）として生き続けている姿に勇気をもらえるのである。

鉄ちゃんに廃線マニアがいるように、クルマにも同好の趣味人がいるということである。廃墟、廃線跡、廃車両（廃列車）、廃道をテーマにした写真集や単行本はそれなりに刊行されている。一定の読者を持つ世界のようだ。廃車をテーマにしたものとしては『廃車幻想』（彩流社、２００３年）が出版されている。廃墟や廃線跡のテーマ本に比べて図書館における廃車の認知度が低いと思われるかもしれないが、しっかりと図書館で所蔵してくれているので安心。

ちなみに、カプセル玩具で、車体が凹んだりドアが取れてしまったりした廃車のミニカーフィギュアがあるのをご存じだろうか。子どもも廃車が嫌いではないようである。ここは要チェックかも（笑）。

スーパーカー消しゴム

消しゴムとは言っても文房具ではない。消しゴムとしての機能のないクルマの玩具である。もともとは玩具メーカーのはずれ商品であったらしく、1975年から『週刊少年ジャンプ』に連載された池沢さとしの『サーキットの狼』の爆発的人気が火をつけたことは衆目の一致するところだろう。その頃、私は成人直前。スーパーカー消しゴムの世代ではない。

この作品も知ってはいるが愛読した作品ではない。手にする漫画雑誌は高校生の頃にはすでに『ビックコミック』に変わり、少年誌は全く無縁になっていた。しかし、この作品がなかったら、風吹裕矢が駆るロータス・ヨーロッパの実車に興味を持つのはもう少し後になっていたことは間違いない。実際、ロータス・ヨーロッパを駆る知人が近くに住んでいて、その地を這うような低い車高のクルマはまさに憧れの1台だった。愛車にしたい、と真剣に考えたこともあった。しかし、トラブル続きの知人のロータス・ヨーロッパのリアルな話を聞くにつけ、とても維持できない「スーパーカー」と諦めざるを得なかった。

そもそも「スーパーカー」とは和製英語。その意味は諸説あるが、私は性能・装備・価格など、並外れたクルマだと捉えている。例え中古車で買うには買ったにせよ、途方もない維持費に、お手上げとなるようなクルマだと思う。というか、そうあってほしい、と思う。コストパフォーマンスのいいスーパーカーなんて、あってほしくない。

だから、私はスーパーカーには正直言ってあまり興味がない。でも、この消しゴムのモデルがそういうクルマでなく、市中で見かけるクルマとなると、話は違ってくる。詳細は承知していないが、ローソン限定の缶コーヒーのオマケに「消しゴム風コレクションカー」と印字されたビニール袋に入っているのは何と国産車。しかも、「40代の方に朗報」との惹句。そうなのである。私の年代には関係ないが、この年代にはこれはお宝。しかも憧れのクルマではなく、なかにはかつての愛車がモデルとあれば、これは買わずにいられないだろう。

縮尺は従来のスーパーカー消しゴムよりはやや大きく、フェアレディ240ZG、シルビアK's、スカイラインGT-R、ホンダS2000、ランサーエボリューションⅢとXなど、それなりにマニアック。

反響の程は知らないが、やはり男はいくつになっても「男の子」なのだろう。

ちなみに、茨城県神栖市に池沢早人師・サーキットの狼ミュージアムがある。『サーキットの狼』に出てきた風吹裕矢のロータス・ヨーロッパスペシャルはもちろん、サーキットの狼の実車バージョン。ホワイトボディに映えるレッドのストライプには29個の撃墜マークを忠実に再現。早瀬左近のポルシェ911カレラRS2・7、沖田のフェラーリ ディーノ246GT、ハマの黒ヒョウのランボールギーニ カウンタックLP400S等、スターが勢揃い。

もちろん、実車だけでない。ちゃんとスーパーカー消しゴムも展示してある。写真を撮りまくるお父さんたちの顔といったら、それはまるで少年のよう。同好の士は一度ご来館あれ。

エンブレム

21歳から60歳までの40年間、20台余のクルマを乗り継いできて、つくづく記念に取っておけばよかった、と思うのがエンブレムである。

エンブレムとは、メーカーのエンブレム（フロントやリアに装着）もあれば、車名やグレードなどもあり、昔は金属製だったが近年は樹脂製のようである。メーカーエンブレムは取ってしまうとリセールに響きそうだが、車名とグレードならば、下取りに響くことはないだろう。20代の頃、一番安いグレードの車で恥ずかしいので、上級のエンブレムに取り換えて乗っていた愚かな時代がある（笑）。ハコスカにオーバーフェンダーを装着し、エンブレムをGT－Rに取り換えて乗っていた知人もいた。さすがに20代なら許されることであろう。

昔は突起付きの接着剤止めか、ビス止めが多かったように思うが、最近は単なる接着剤止めなので、はがした後の穴埋めの必要もない。歴代の愛車として額装して飾ったら素適だろうな、と思う。

部屋のインテリアにはステアリングがいい。ただし、こちらはいくら高価なステアリングに交換しても、必ずしも査定で高評価とはならないはず。廃車する条件でもなければ、こちらは難しい。

自動車メーカー、またはブランドのエンブレムはクルマ好きの子どもたちにとって関心の的。インターネットでもいくつかサイトはあるが、やはり図書館には『カーエンブレム』（枻出版社、2015年）のような本をレファレンス用としても一冊は置いてほしいものである。

ペダルカー

２００８年4月10日の茨城新聞でこの記事を見た時は、思わず膝を打ってしまった。こんなコレクションがあったのか、と。

新聞の見出しは「ペダルカー１００台公開」。水郷まちかどギャラリー（茨城県潮来市）での展示に合わせたコレクターの取材記事だった。

新聞記事によると、１９６０年代のブリキ製やポルシェなどのスーパーカータイプ、バットマンカーなどを展示したとのこと。

当時、私は長野県塩尻市で単身生活を送っていたので、帰省した時にたまたまこの記事を読んだ記憶がある。

そのまま、時が経ち、この本の企画が出版社からＯＫが出て、構想を練っていた時にふと思い出したのである。図書館で調べてもらい、該当記事を見つけ、取材と称し２０１６年３月14日にペダルカーコレクターの中根丈彦さんを訪ねた。

中根さんは１９６０年生まれ。１９５６年生まれの私と4歳違い。この差が実はペダルカーの印象を大きく左右する。私の幼少期の思い出にペダルカーはない。あるのは三輪車。しかし、中根さんはペダルカーが幼少期の乗り物だった、と言う。もっとも、ペダルカーという呼称は後で知ったらしく、「ギコギコ」と呼んでいたそうだ。

中根さんのペダルカーとの出会いというか再会は、世田谷区のリサイクルセンターで粗大ごみとして積まれていた白のカウンタックを目にしたことから始まる。そして、30台ほど集めた頃に、実際に「ギコギコ」として乗っていたモーリ製の「スモールバード」と再会。ここでさらに拍車がかかり、現在のコレクションは230台を数える（次ページ写真）。

そもそも、クルマ文化の黎明期が欧米先進国と日本では違うように、ペダルカーの歴史も日本はかなりの後発となる。ヨーロッパではベンツが初めてクルマを作ったと同時に生まれたのが子ども用のペダルカーなのだそうだ。まさにクルマの歴史そのもの。大人のリアルカーに対して、子どもにとってはリアルカーを模したペダルカーが買い与えられたのである。

ペダルカーのコレクションに相当のお金をか

ペダルカーコレクター中根丈彦さん

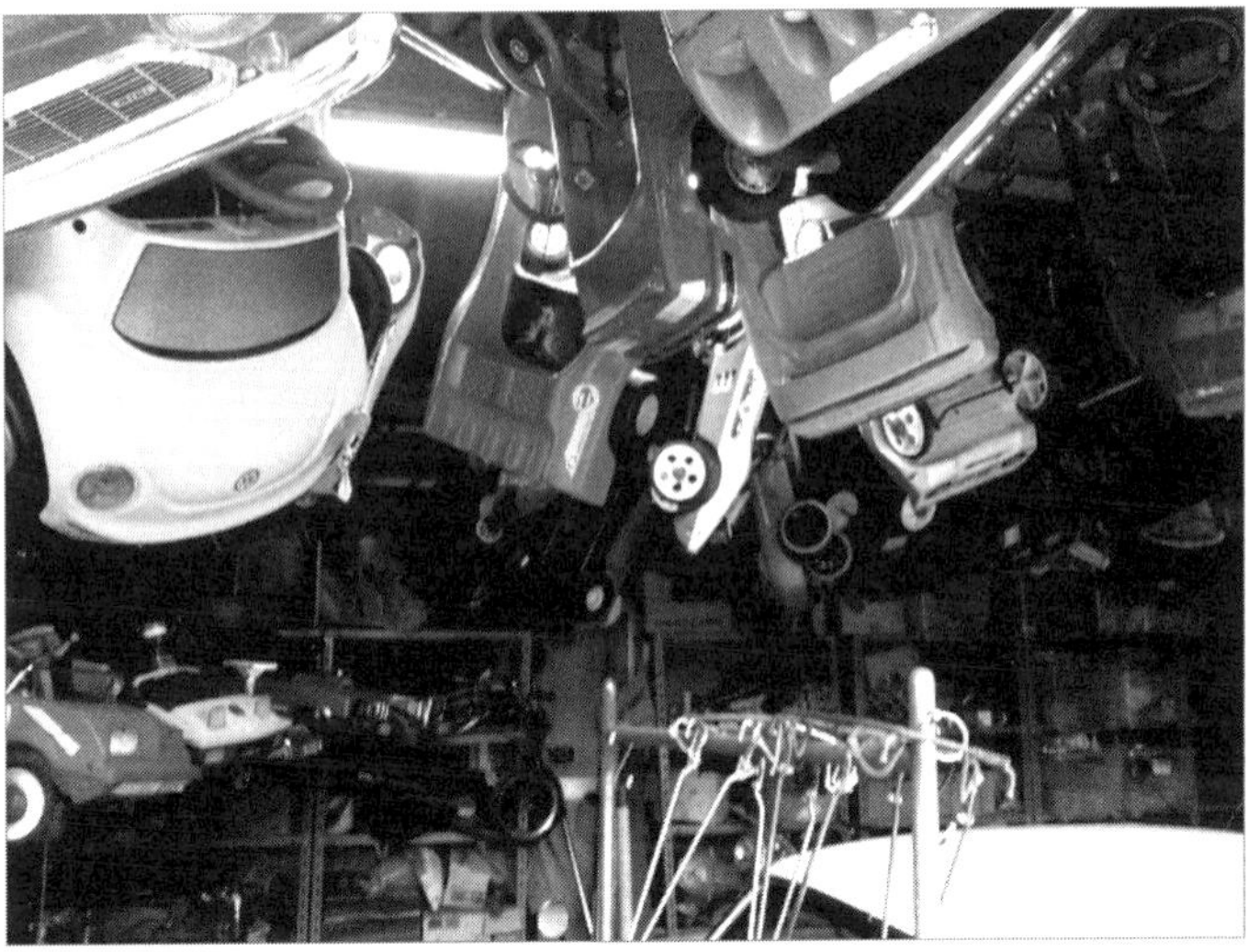

現在コレクションは230台を数える

けているのかと思いきや「1台1万円以上は出しません」とのこと。むしろ、粗大ごみとなり処分されていくペダルカーをリサイクルセンターから救い出して集めているらしい。

現在、日本でペダルカーを製作している会社は1社。しかも工場は中国にあるとのこと。「まちから小さな玩具屋が消えてしまったと同時に、ペダルカーも日本から消えてしまった」と中根さん。

ちなみに、同好の士はいるのだろうか、と卑近な質問を投げかけたところ、「知っているのは数人」とのこと。確かにインターネットで情報が飛び交うアイテムではない。日本ではペダルカーに関して、その歴史がまとめられた書籍はない。しかし、ペダルカーに関して英語で書かれた書籍はインターネットで容易に見つけることができる。英語以外の言語までは網羅的に調べてはいないが、恐らく、クルマ文化の発達している国は同様にその歴史が書籍としてまとめられているものと思う。

国内で所蔵していると思われる二つの図書館で調べてみた。検索ワードは「PEDAL CAR」。結果は国会図書館は皆無。豊田市立図書館でかろうじて一冊、『Evolution of the pedal car and other riding toys』(L-W Book Sales, 1989) が見つかった。国内での認知度が如実に表れている結果である。

「日本のペダルカーの歴史をビジュアルな一冊の本として編んでみたい」と中根さん。しかし、商業出版ベースで考えると、出版社が二の足を踏むのはいたしかたないこと。かといって、中根さんが、その責任を負うものではない。しかし、歴史とは、その時代に確かに存在したモノと、その在りし日のことを記録した活字・写真・映像等が未来に伝承したモノである。伝承されなければ歴史は潰えてしまう。大半のモノは物理的に原型をとどめることは難しいからである。特に生命体はなおさらである。中でも特に活字による作業は大きな意義を持つ。写真や映像はありのままであるが、文字は書き手の感情が宿るからである。

消えていってしまった。または消えかけているモノは枚挙に暇がない。こういった課題に、出版業界や図書館界は、もっと真剣に立ち向かわなければいけないのではないかと思う。それは活字を扱う世界の住人の責務のような気がするが、いかがだろうか。

ノベルティグッズ

集め始めたら切りがない。しかし、コレクターになるには少々の羞恥心を払拭しなければならない。これがノベルティグッズ収集の鉄則である。

週末はどこのディーラーもお客さんで賑わう。新車発表や人気車種のモデルチェンジとなればなおさら。このような時期に必ずとは言えないが、試乗された方、さらに査定された方に対して限定のプレゼントが用意されていることが多い。契約となると、プレゼントは豪華になる。

送られてきたDM持参や新聞折り込み広告持参といった条件付きもあるが、私の経験では「忘れました」で条件は十分にクリアできる。

しかし、なかなか難関なのが来場者プレゼントである。言葉をそのまま理解してディーラーに足を運んでも、何ももらえない場合はよくある。「アンケートにお答えいただいた方」とでもあれば、アンケートに答えればいいのであるが、来場された方に「もれなく」と思っているると、そうはいかないことがしばしば。

いったい何がもらえるのか？ いままで私がもらったものの一部に過ぎないが、腕時計、マグカップ、タンブラー、キーホルダー、ミニカー、チョロQ、ステープラー、ボールペン、ステッカーなど何でもあり。しかもノベルティであるから、市販の商品ではない。ブランド名が入ったものであるのは当然のこと、二度と入手できない「期間限定」グッズばかりなのである。子ども向けに風船や飴玉が用意され、こちらはどこでも購入できるものであるが、大人向けはまさにレア。

しかも、これが憧れのクルマであれば、ブランド名が付いたものは喉から手が出るくらい欲しい。

ここで断っておくが、私はノベルティグッズのコレクターではない。なんでもいいからディーラーをめぐってもらってこようなんてあこぎな趣味はない。あくまで、憧れのクルマか、自分が乗っている愛車のグッズに限ってである。

となると、どうしても外車に偏る。また、外車のノベルティグッズがこれまた素晴らしいものが多い。「これをいただいて良いのですか」と破顔一笑の自分を隠すのが大変なときもある。子どもが小さかった頃「お父さん、もらえて良かったね」と余計なコメントが入り、営業マンの面前で恥をかいたこともしばしばあった。

これが、契約した日であれば大きな顔ができるのだが、アンケートの設問「次のご購入はいつ頃ですか」の設問に対し、当面買い替えなんて考えてもいないのに、「半年以内」なんて回答して、後ろめたい気持ちでもらうものだから、なおさらである。

話を戻そう。こういった気持ちでディーラーに行くわけで、新型車を見るのはもちろんであるが、目当てはあくまでノベルティグッズ。ところが会場に足を運んだだけではもらえないときが困る。正直に「来場者プレゼントをいただきたいのですが」とはさすがに言えない。受付のテーブルの奥まったところに「目的のモノ」は見えるのだが、この距離が〝万里の河〟なのである。

ノベルティグッズ欲しさに50キロも車を飛ばしてきたのに成果品がゲットできずに、助手席のカタログだけを恨めしそうに眺めた帰路もしばしば。本当はここにマグカップもあったはずなのに、と(笑)。

単にノベルティグッズが欲しければ、ネットオークションで落とせばいいじゃないの、と思われる方もいるだろうが、そこは違う。あくまでディーラーでもらうのが私のルール（友人からいただくのは別）。販促キャンペーンに来場者として姿を見せなければ、ノベルティグッズを手にする資格はない、というのが持論。要は販促に協力したことでいただくものなのである。勿論、同好の士にあげることはあっても、売るなんてことはしない。あくまで愛しきコレクションである。

コンビニのおまけミニカー

正確に何と称していいかわからない。コンビニとはいっても、どこのコンビニにもあるわけではなくローソンやサークルKサンクスといった特定のコンビニの販促商品の場合もある。ミニカーの場合、対象商品は缶コーヒーの場合が多いが、チョコラBBのようなビタミンドリンクや他の飲み物の場合もある。レシートを送って抽選でもらえるミニカーもある。ミニカーといっても、ダイキャスト製もあれば、他の素材のものもあるし、プルバックミニカーもある。とにかくカテゴライズが難しい世界。マニアには異論はあろうが、ここでは「コンビニのおまけミニカー」とさせてもらう。

いったいいつどんなミニカーが市場に出ているのか、斯界に通暁したマニアならわかっているのかもしれないが、私はそこまでのマニアではない。たまたまコンビニで見つけた時に、1本だけ買う予定だった缶コーヒーを、ミニカー欲しさに必要以上に買う程度である。勿論、お気に入りのブランドはいくつかある。それを求めて扉の前に立った時に、ミニカーのおまけを見つけたら、好みではない（普段は絶対購入しない）ブランドでも迷わず購入する節操のない人間である。まさにミニカーは私にとって強烈な販促商品である。

コンビニのホームページやUCCやダイドーといったおまけつきの缶コーヒーをよく販売するメーカーのホームページを不断にチェックして商品情報を確認するか、『クアント』のような雑誌を注意して読むか、「おまけラボ」のようなホームページのサイトで確認するか。こまめな情報収集をしていれば、もっと効率よく入手できるのは承知しているが、基本的にコレクターを自認していないので、私は偶然見つけた時の大量買いでいいと思っている。

ただ、コンビニの店頭で店員さんにミニカーのついた缶コーヒーの販売情報を尋ねても、そのコンビニ限定の商品ではなく、例えばUCCの○○という商品に付くおまけ情報はコンビニでもわからないことが多いらしい。また、UCCのホームページを見てもコンビニ限定の場合、メーカーも発表しないことが多いとも仄聞《そくぶん》する。

しかも、メーカーの商品販売のリリースは2週間ほど前であることが多く、対象の商品はなくなり次第終了であるから、この世界のコレクターは大変である。ただ、缶コーヒー（銘柄の好みは別にして）のおまけだと思って集めれば、他のコレクションのような散財とはならない。もっとも、年間で恐らく50台未満（あくまで推測）。カラーバリエーションまではわからないが、網羅的に集めても散財ということにはならないだろう。ある時期を機にコンプリートなコレクションとして始めようかとも考えなくもない。

後で知って地団駄を踏んだのが、2014年3月、ダイドーの世界一のバリスタが選んだ豆「微糖」の新発売記念で、光岡自動車とのコラボキャンペーンで流通したプルバックミニカー。ガリュー、レイ、リョーガ、ビュート、ヒミコ、ラ・セード、オロチ、ゼロワンの8台。これは欲しかった。

ヒミコ、ラ・セード、オロチと言えば、公道で見かけた時には狂喜乱舞のレアカーである。クルマ好きでなくても、目が点になるような異様な姿。フェラーリやカウンタックよりも見かけることは少ない。

缶コーヒーで夢が見られるなら安いものだ。いや、コーヒーだけに興奮し眠れないかも（笑）。

第2章　かくも楽しきクルマ広告の世界

Ⅰ　クルマ広告に魅せられて

自動車の広告と聞いて膝を乗り出す人は極めて少数だと思う。自他ともに認めるクルマ好きに、私が自動車広告に関心があることを話しても、その反応は一様に鈍い。クルマ絡みのコレクター諸氏においても、新聞の広告を切り取って保存しているという同好の士にはいまだかつて会ったことがない（いないことをことさら強調するものではない）。

クルマに限らず私は大の広告好きである。サントリーウイスキー「オールド」の田中裕子や大原麗子の一連のテレビコマーシャルのシリーズはYouTubeで今も時おり見ては、パソコンの前で年甲斐もなく目を真っ赤にしている。「恋は、遠い日の花火ではない。」「少し愛して、なが〜く愛して」は、ある年齢層の日本人の心に宿る名コピーである。

また、2007年からオンエアされた同じオールドのCMで、國村隼と伊藤歩の家族をテーマにした作品もこれまた秀逸。「残念だな、嫌なヤツなら一発殴れたのにな」と、愛娘が初めて彼氏を自宅に連れてきた時の父の心境を吐露するこの作品は、下手な映画を観るより、はるかに感動する。先の台詞は月並みであるが、これはあえてのことだと思う。「ウイスキーが、嬉しかった」と、つぶやく彼氏の申し訳なさそうな台詞が見事に相まって作品を締めている。バックには御馴染みの小林亜星の作品『夜がくる』が流れ、〝役者〟が揃う。

社会人になって初めて馴染の店にボトルキープしたのは「オールド」だった。しかも生意気にオールドとは言わず「ダルマを入れておいて」なんて台詞を言っていたような（笑）。ウイスキーというより、酒場が恋しかった若き日の頃である。

さて、あまり図書館では見かけないが、広告系の雑誌と言えば、『コマーシャルフォト』（月刊）、『宣伝会議』（月刊）、『トッププロモーションズ販促会議』（月刊）『CMNOW』（隔月刊）、『広告』（季刊）などがある。なかには屋外広告・交通広告・デジタルサイネージなどを扱う『サイン&ディスプレイ』（月刊）など、図書館でもなかなかお目にかかれない雑誌もある。２００９年に休刊となってしまったが、１９７９年に創刊された月刊誌『広告批評』は時折購入していた大好きな雑誌だった。

広告は制作依頼者にとって社運を懸けた営業活動の手段である。新聞、雑誌、テレビ、インターネット、ＤＭなど媒体はさまざま。今やあまりに多すぎて個人的には食傷気味のゆるキャラだって立派な広告媒体である。

媒体ごとにマニアはいる。広告で扱われる商品ごとにマニアは分かれる。媒体自体を保存できるものもあれば、記録・記憶にとどめるしかないものもある。

本書はクルマ趣味に関するものなので、当然、対象はクルマに関する広告である。あまりに多くの媒体があるので、本章で扱うのは新聞と雑誌とする。ラジオやテレビで流れるクルマの広告は対象としない。

まず初めに、卑近な私のコレクションを披歴する。

新聞であるが、コレクションの始まりは１９９３年である。購読紙に掲載された輸入車の広告を切り取ってファイリングし始め、かれこれ20年余。正確な数は把握していないが７００点ほどであろうか。輸入車なら何でもいいのかというものではない。アートとして気に入ったものだけが対象なので、数多く集めることを目的としたコレクションではない。あくまで気分次第で切り取るだけである。

なぜ輸入車なのかと問われれば、国産車のメーカーの広告がアートではないから、となる。本来、広告がアートでなければならないというものではない。売りたい商品を価格、性能（効能）、他社の類似商品との差別化等を惹句に、消費者に訴えればいいのである。国産車の新聞広告はその傾向がかつては強かった。しかし、輸入車はそういった惹句もなく、クルマ自体の美しさや、肝心のクルマの姿すらないものもあり、そこに惹かれたのである。

新聞にアート系の自動車広告ってあったかな、と思われる読者も多いだろう。実は全国紙であっても、掲載されるメーカーはまちまち。例えば、朝日新聞には出ていても読売新聞には出ていないといった感じで、地方紙ともなれば、アート系の広告は激減する。詳しくは後述するが、輸入車はなかには１０００万円を超すような高額な商品が少なくない。となれば、掲載紙が限られるのは当然のことである。

次に雑誌広告であるが、『カーグラフィック』のようなクルマ雑誌のなかでも総合誌的なものには、国産車・輸入車の色鮮やかな自動車広告が多数掲載される。一時は、無線綴じの本誌をばらして気に入った広告だけを剥がしてファイリングしていた。裏表紙にも全面広告があれば、それも切り離すので、残された本誌は無残極まりない。ただの資源ごみである。広告を切り取った後の新聞とは、その姿が違う。寂寥《せきりょう》感を覚えるほど無残な姿なのである。

製本された雑誌としての姿に意味があるのか、書かれた記事一つひとつに意味があるのか、前者を採れば、切り抜かれた後の雑誌はただの紙屑。広告のついでに切り取った記事も雑誌から離れると何故か精彩を欠く。ファイリングにかかる手間と、必要な消耗品の経費も余計な出費となる。何よりも切り離してしまうと資料の保存が大変なのである。当時は電子データ化するような発想までは及ばず、空しいコレクションのように感じて３年ほどで止めてしまった。

次に、新聞の折り込み広告である。こちらはもっぱら輸入車のみが収集の対象。国産車は押しなべて、週末特売的な「Ｔｈｅ広告」なので関心の埒外。しかも、国産車は紙質が柔く大判なので、新聞に折り込まれた時点で既に折られており、どうしてもコレクションの対象として食指が動かないのである。一方、輸入車の場合、多くが国産車に比べて厚紙が使われ、ほとんどがＢ４判であることから折られずに新聞に挟まってくるので、使用済感がないのがいい。ときおり、他の広告を包む役割を課せられて二つ折になっているのを見つけた時は極めて気分の悪い朝となる。

私の住む鹿嶋市は人口が7万人に満たないまちなので、輸入車ディーラーがフォルクスワーゲンしかない。茨城県だと、輸入車ディーラーは水戸市とつくば市とその周辺のまちに集中。輸入車の折り込み広告は鹿嶋市ではどうしても少なくなる。これが地理的なウィークポイントである。水戸市やつくば市に住んでいたら、鹿嶋市と違ってどれくらい輸入車の折り込み広告が入手できるのかはわからないが、かといって、水戸市やつくば市の新聞販売店や、ディーラーに行ってまで、集めてこようというものでもない。目の前を通ったものだけをキャッチする程度のコレクションである。

ただし、市内にディーラーがないとはいえ、ＢＭＷ、ボルボ、ミニは鹿嶋市でもときおり折り込まれる。ありがたいコレクションである。

そして、最後がＤＭ。こちらも輸入車専門。ＤＭ？　と訝《いぶか》しがる人もいると思うが、これが輸入車となるとアートなものが少なくないのである。

自分のところに送ってこなくていいよ、と扱われるのがＤＭの宿命。なかには、私のように心待ちにしている人もいるのであろうが、多くは封を開けられることなくゴミ箱に直行なんていう〝嫌われ者〟である。かくいう私もクルマ以外のＤＭはその種の扱いである。

ＤＭは突然送られてくるものではない。ディーラーでアンケートに答えたか、電話やインターネットで資料請求をしたか、いずれにしても「関心」を示したから送られてくるものであるが、これだって先方にしてみたら、大変な費用と労力がかかるもの。一度、資料を請求したからといって必ずしもＤＭが継続して送られてくるとは限らない。

輸入車はメーカーにもよるが、国産車に比べ、限定車がよく販売される。ミニやフィアット、ルノー等といったメーカーは特別色、特別装備を施した、しかも台数が極めて少ない限定車を定期的（この表現が適当かどうかわからないが）に発表する。これがなんとも「くせもの」で、実に魅力的なのである。

わが家の愛車の一台であるルノー・カングーは2012年に出た限定色（タンタシオンヴィオレ（バイオレット）、カルム ブルー（ブルー）、クラージュ ジョン（イエロー）の3色のうちのバイオレットである。

この時の限定車販売キャンペーンのテーマは「毎日に花を」。「フランス人は花をプレゼントするのは日常のことで、リビングに花が飾ってあるのも普通のこと」とホームページでPRしていた(1)。

卑近な話であるが、この限定車を東京・有明のディーラーで見た日は、私が迷いに迷った末、1週間前に寄った時に決断できなかった中古のルノー・メガーヌⅡの3ドアハッチバックを「買う」予定だったのである。暇を持て余していた女房が一緒に付いてくることになり、遂にフランス車のオーナーになるぞ、と気持ちが高ぶっていたのであるが、ディーラーに到着すると売約済みとのこと。1週間前に来たときに営業マンに「欲しい」とは言ったものの、「買う」とは言わなかった自分が悪い。一気に落ち込む中、女房は3色並んだ限定色のカングーに目が点。僅か1時間余で予想もしていなかった限定色のバイオレットの契約書にサインすることに。ちなみに、バイオレットは「気になる人の心を『誘惑』するときに贈る紫の花」なのだとか(2)。ちなみに、販売台数は3色合計で180台。うちバイオレットは僅か

40台。輸入車など眼中になかった女房を一瞬で射止めるのはさすがフランス車である。もっとも、一銭も出さずにフランス車に私も乗れるし、運転する機会もできたのであるから、反対する気持ちなどさらさらなかったことは言うまでもない。私にとって「たなぼた」であった。

こうしたこともあって、ＤＭの情報も粗末に扱えないのである。とは言え、限定車が出る度に買える人はそうはいない。はなから買えなくても、その時の「情報」としての印刷媒体はコレクションしておきたいというのがマニアの心理。ディーラーにとって「食えない奴」であろうが、そのクルマを愛することは人後に落ちないということで、ご容赦願いたい。

さて、ここまでは「変な奴」として読まれてきた読者も多いと思うが、ディーラーに行った時にいただくというか、いただくことになるのがカタログである。上級車になればなるほど、そのつくりは豪華で、ポルシェなどは一冊の本といっても過言ではない。むしろ書店に流通していない分、のちのちの資料的価値は高いと思われる（どうしても、図書館員的感覚が抜けていない）。

カタログのマニアは少なくない。クルマ趣味の王道的コレクションと言えなくもない。基本的にディーラーを訪ねるか、インターネット等で請求していただくものでありタダで入手できる。しかし、年月を経ると、この無料のものが高額で取引され、また、資料としても価値が高まるものとなるのである。

ボルボのオーナーであった時、一時はつくば市の自動車カタログ専門店にお願いして、貴重なカタログを「購入」していたこともあったが、切りがないので止めた。後述する新聞掲載広告同様、コレクションはあくまでタダで入手することを原則とした。

こちらも数の多さを披歴するものではない。やはり輸入車が中心で、しかも気に入った車種だけコレクションしているだけなので、コレクターと言えるものではない。

どうして、こんなに輸入車に魅せられるのか。多分、日本においては極めてレアな存在だからかもしれない。いくらその佇《たたず》まいが気に入ったとはいえ、巷に溢れたら偏愛は冷めるだろう。

我が国の輸入車のシェアは9％程度（2014年度の軽自動車を除く新車販売全体に占める比率。対象とする輸入車は外車メーカーのみ）。欧米では15％～30％を占める輸入車であるが、日本での輸入車の占める割合は低い。先の9％はこれでも過去最高を記録したのである。

ちなみに、アメリカの主要メーカーの新車販売台数に占める日本の自動車メーカーのシェアは4割弱（2016年1～6月累計）[(3)]。フランス（乗用車新車登録台数）の国外メーカーのシェアは約55％（2016年1～6月累計）[(4)]、イタリアに至っては7割強が外国メーカーが占める（２０１５年１～10月累計）(5)。諸要因はいろいろ挙げられるが、いかに日本では輸入車が少ないかがわかるだろう。ところが、新聞広告においては、販売台数では国産車の１割に満たない輸入車の広告掲載件数は驚くほど多いのである。

以上が私の基本的に「買わないで」集めたコレクション絡みの話である。

もらえるものならば、ディーラーの店舗に貼ってある大判のポスターを収集したいところであるが、あれは基本的に世に流れないものらしく（詳細は知らない）、ゴミとして焼却されるのなら、助けてあげるのに、と喉から手が出るくらい欲しいアイテムである。

クルマに限らず販売店にしかない販促用立体パネルなど欲しいものだらけで、非売品のパネルをもらえるならば、と家電商品を買ったこともある。

なお、コレクションは何でもありの世界。新聞広告もネットのオークションにかけられる時代である。モノによってはそれなりのマニア価格で取引されているようである。

さて、ここからは、新聞や雑誌の広告の世界を少し詳解してみることとする。

II　新聞の広告

拙著の上梓に当たり、1ヵ月余、時間をかけて調べたものがある。それは、いったいどれくらいクルマの広告が新聞に載るのか。掲載紙面の段数、メーカー数、広告内容、さらに掲載されたクルマの写真の向き（正面なのか斜めなのか）などである。同種の調査・研究が行われているかどうかは網羅的に調べたわけではないので承知していないが、サンプルが僅かであっても自分で調べないと気が済まないので、２０１４年10月から２０１５年９月までの1年間を対象期間として調べてみた。

対象とした新聞は、朝日新聞（以下、朝日）、読売新聞（以下、読売）、日本経済新聞（以下、日経）の３紙。毎日新聞と産経新聞は、この調査の一番の目的である輸入車広告に関して、他の３紙に比べ少ないことから、最終的には省くこととした。また、地方紙については、最も購読率の高い地方紙をいくつか選び、協力者を得てサンプリング調査を行った。その結果、先の３紙と比較してクルマの広告掲載件数が少ないことと、広告内容として国産車の週末特売（フェア広告）の比率が高いことが判明。なかには、中日新聞のような全国紙と比肩する部数を誇る新聞では、輸入車広告が件数としてかなり見受けられたが、全国紙のような全面（15段）を使っての広告は僅かであった。よって、先の３紙が自動車広告掲載件数、そのうちの輸入車の割合等が他紙に比べて近似していることから、調査対象紙とした。

手っ取り早い方法として、SNA研究室の『新聞広告縮刷版』（月刊）により、本誌に収録された「車両及び付属品」から、この調査目的の一定の傾向はつかめるが、より網羅的に把握したく、３紙の縮刷版を基礎資料とした。

（1）輸入車と国産車の比率

はじめに、調査対象とした広告は、15段（横38㎝×縦51㎝）、7段（38㎝×24㎝）、5段（38㎝×17㎝）の三つとした。15段とは全面広告、7段とは半面といった掲載面を指す。これ以上小さな記事は対象外とした。また、10段（38㎝×34㎝）という掲載方法もあるが、対象としたら資料には該当するものがなかった。

極小の広告を対象外としたのは、もともとアートとしての広告を調査目的としたので、私としてはアートとして楽しめるサイズを最小で5段とし、実際の新聞掲載広告の収集も、このサイズを下限としていることによる。

まず、3紙に掲載された自動車広告の年間掲載件数と紙面段数は69ページの表のとおり。掲載件数は3紙とも拮抗している。日経の世帯普及率が読売の約3割であることを考えると、日経の自動車広告掲載件数が突出していることが判る。

掲載段数を見ると、件数と比して読売が他紙に比べ多いことがわかる。この理由は後述する。

輸入車と国産車の比較は面白い結果が出た。

朝日に掲載された輸入車広告は掲載件数で73％と国産車を凌駕《りょうが》。一方、読売は国産車が輸入車を大きく上回り、掲載件数で国産車が61％となっている。日経も輸入車が60％となっている。

これだけで、読者層を分類するのは無理があるので控えるが、広告とはターゲットを絞ってこそ効果的であることから、読者はいろいろお気づきの点もあるのではないかと思う。

次に、どんなメーカーが広告主なのかを見てみる。（71ページ参照）

まず、輸入車から見てみよう。

目につくのは圧倒的なドイツ車のシェアである。日経においては、アウディ、メルセデ

３紙に掲載された自動車広告の年間掲載件数と紙面段数

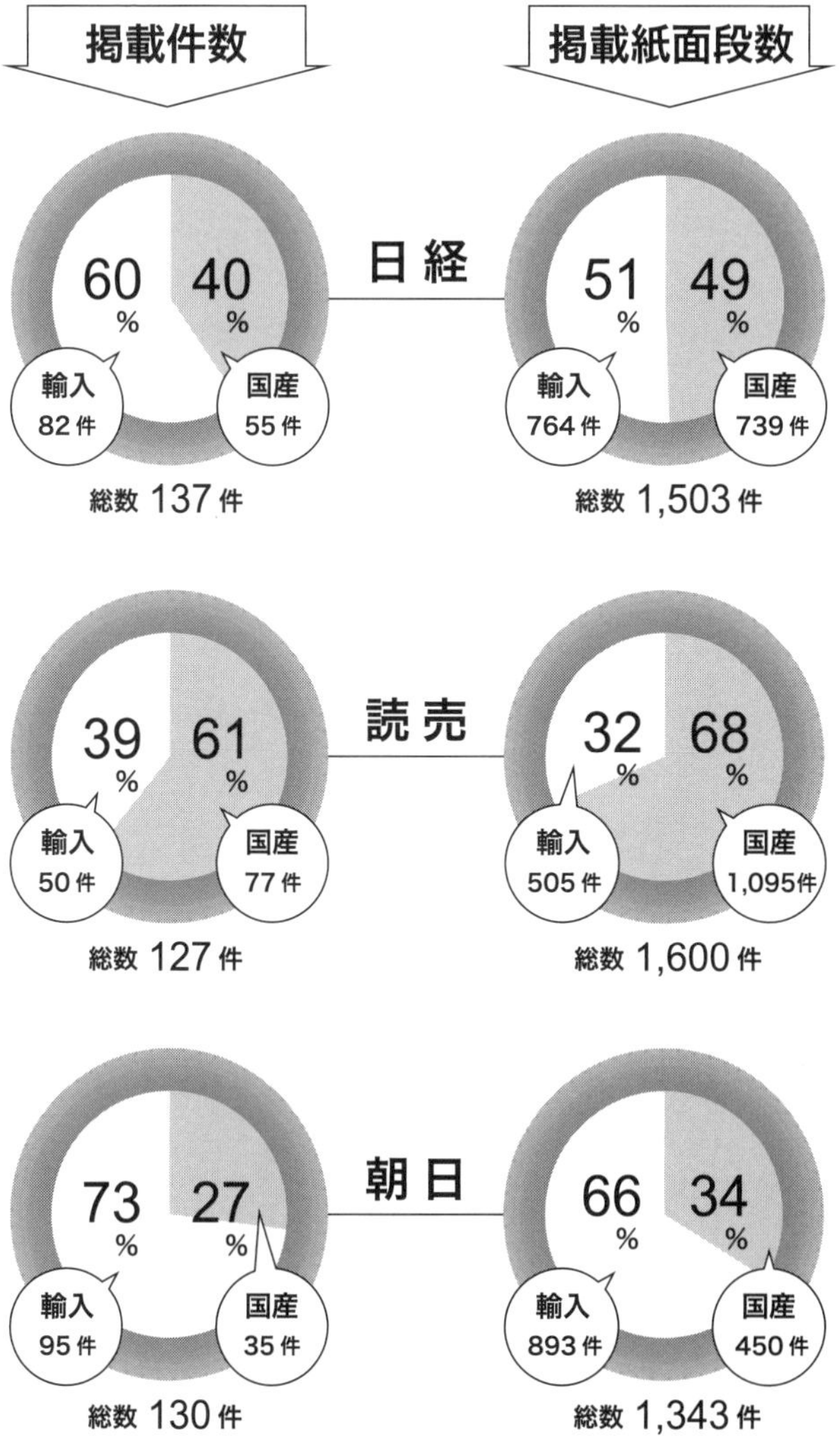

ス・ベンツ、ＢＭＷ、フォルクスワーゲン、ポルシェ、ミニの6社で58％を占める。しかも上位3社をドイツ車が寡占している。読売においては67％とさらにドイツ車が大半を占めるが、特徴的なのはＢＭＷのシェアで、1社だけで全メーカーの40％と他のドイツ社を凌駕している。読売の読者は、輸入車といえばＢＭＷとなるくらい広告を見ていることとなる。朝日においても読売同様に67％となっているが、メーカーの構成に差異がみられる。朝日はポルシェが全メーカーの約1割を占めるのと、フォルクスワーゲンが他紙に比べ突出して多いのが特徴と言える（日経の2・3倍、読売の10・5倍）。

ちなみに、日本自動車輸入組合発表の車名別輸入車新規登録台数（２０１５年度上半期（２０１５・4〜２０１５・9））で、先の6社のシェアを見ると68・6％と、読売と朝日の広告シェアとほぼ符合する。

さて、ドイツ車以外はどうだろうか。注目したいのはイタリアのマセラッティである。マセラッティと言えば超高級車。現在輸入されている車の新車価格は安くても１４００万円台。メルセデス・ベンツやＢＭＷも高級車ではあるが、５００万円以下のグレードもラインナップされている。しかし、マセラッティはそんじょそこらで見かけるクルマではない。しかも、今回の対象期間内に2回も15段（全面）広告が載っているのである。その雄姿が堂々

広告主の割合（輸入車）　単位：掲載段数

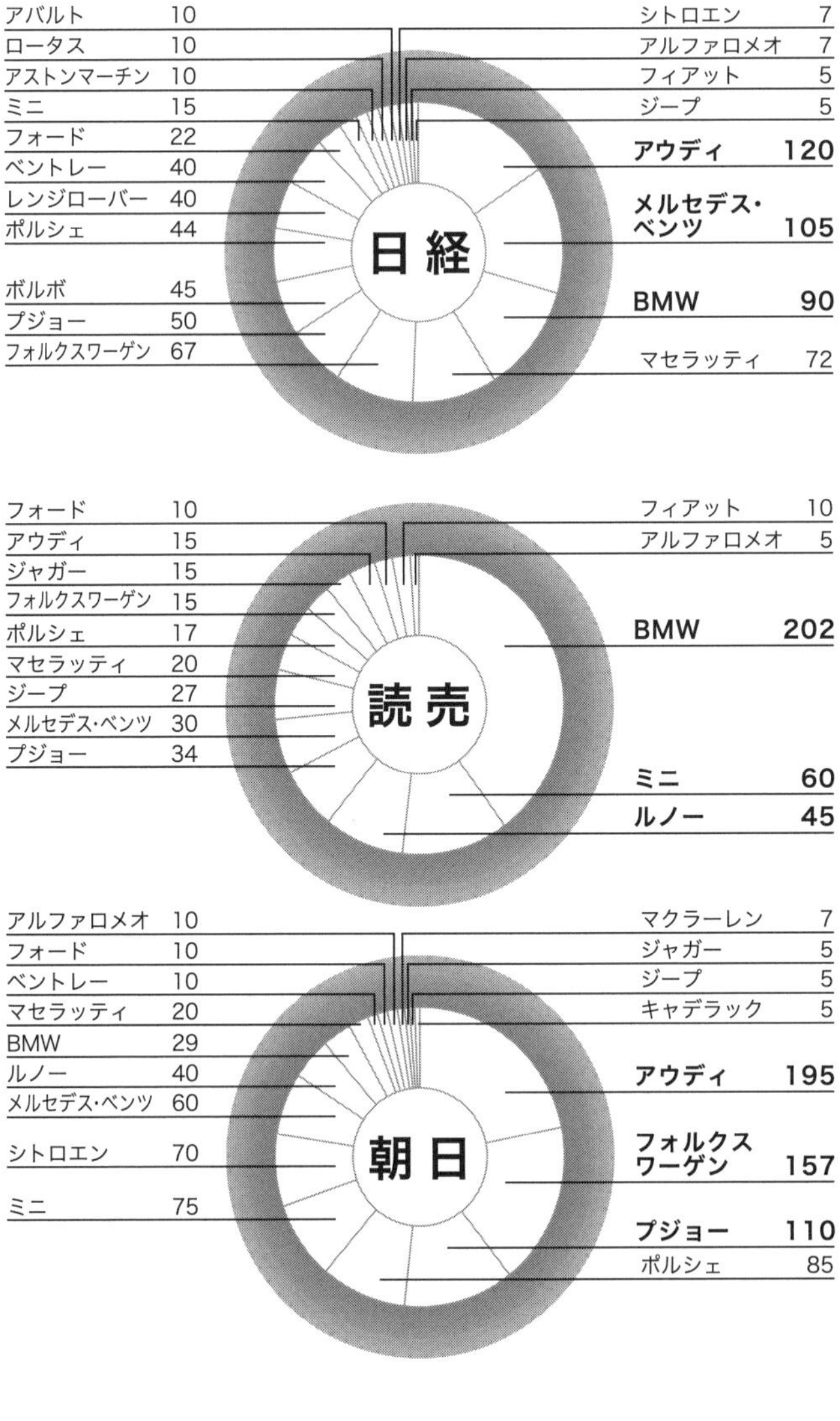
日経
アバルト 10
ロータス 10
アストンマーチン 10
ミニ 15
フォード 22
ベントレー 40
レンジローバー 40
ポルシェ 44
ボルボ 45
プジョー 50
フォルクスワーゲン 67
シトロエン 7
アルファロメオ 7
フィアット 5
ジープ 5
アウディ 120
メルセデス・ベンツ 105
BMW 90
マセラッティ 72
読売
フォード 10
アウディ 15
ジャガー 15
フォルクスワーゲン 15
ポルシェ 17
マセラッティ 20
ジープ 27
メルセデス・ベンツ 30
プジョー 34
フィアット 10
アルファロメオ 5
BMW 202
ミニ 60
ルノー 45
朝日
アルファロメオ 10
フォード 10
ベントレー 10
マセラッティ 20
BMW 29
ルノー 40
メルセデス・ベンツ 60
シトロエン 70
ミニ 75
マクラーレン 7
ジャガー 5
ジープ 5
キャデラック 5
アウディ 195
フォルクスワーゲン 157
プジョー 110
ポルシェ 85

と、である。いかにも日経と、言いたくなるのは私だけであろうか。

また、日経でもたまにしか載らない、読売には掲載されないメーカーであるシトロエンが朝日では6位となっているのも面白い。15段広告もたまにある。朝日の購読者にはシトロエンマニアが多いということなのだろうか。

実車レベルで輸入車好きを比較しても、好きなメーカーや生産国によって、その人のライフスタイルはおおよそ見当がつく。それくらい輸入車は、乗っているクルマでオーナー観察が可能であるというのも面白い。

山川健一は『快楽のアルファロメオ』（中央公論社、1995年）で、こう書いている。

「おそらく、アルファロメオというクルマは、童貞には理解できないのだろう。もちろん、ヴァージンにも無理である。」

この表現には唸ってしまった。まさにアルファロメオを見事に表現している。

私もイタリア車のアウトビアンキA112アバルトというツインキャブのホットハッチを20代の頃に駆っていたが、エンジンがかかるかどうか神頼みのようなじゃじゃ馬だった。現在の軽自動車よりも全長で10㎝ほど小さいボディに1050ccのエンジンを積むのであるから、走りが面白くないわけがない。その分、我儘なクルマだった。

晴れの日に車内に水がたまってカーペットがびしょびしょになった。走行中にマニュアルのシフトレバーが外れた。暴風雨の高速道路を走行中にワイパーが動かなくなった。こんなことは一例に過ぎない。みんな私の愛車（スウェーデン、イタリア、ドイツ）が起こしたトラブルの症例である。

友人曰く、それでも私の愛車は当たっている方で（トラブルが少ない）、聞けば、とんでもないトラブルに見舞われている輸入車オーナーは多い。質実剛健と言われるドイツ車でも同じである。日本車に比べれば本当によく壊れる。

このようなことを、ミニ・メイフェア（旧ミニ）を2台所有する人が言っていた。

「ミニは確かによく壊れます。でもミニは直せるからいいのです。今のクルマって素人には直せないし、ボンネットを開けても何が何だかわからない」

そんな何かと手のかかる輸入車であるが、それでも国産車には絶対に乗らないという知人もいる。私が決めつけるのも変であるが、少なくとも、とんでもないお金持ちではない（と思う）。聞けば8台続けてのフォルクスワーゲンのオーナー（女性）。最初のクルマだけは中古車（タイプ1（ビートル）１３０３S）だったとのことだが、２台目以降は主にゴルフの新車を乗り継いできたとのこと。理由を問えば、二度のもらい事故の時の警察官の一言「ワーゲンで良かったですね」。国産車だったら、とんでもない怪我を負っていたはずですよ、という意味である。毎日のように事故現場を検証している警察官の言葉には確かに頷けるものがある。

私の子どもが小さい時に乗っていたボルボは、力のない子どもにとって閉められないほど重く気密性の高いドアだった。空飛ぶ煉瓦と呼ばれた角張ったボディの240であったが、まさに室内に身を置くと、外からの衝撃からしっかり守られている感じがした。

何で読んだかは失念したが、ボディが重くて燃費が悪くても、車内の人の命を守れるのなら選択の余地はない、というようなボルボのクルマ作りの姿勢を読んだことがある。

私自身の事故の話であるが、出会いがしらに突っ込まれた時に乗っていたのはドイツ車だった。修理に50万円もかかるほど大きな損傷で自走不能。ドライバー席近くの横腹に相手のクルマが突進してきたものの、私はかすり傷ひとつなし。まさに堅牢な要塞であった。

(2) クルマ広告の特徴

カラー刷りの15段広告の常連といえば、外国の有名ブランドの時計やバッグが思い浮かぶだろう。バッグは商品よりもモデルの美しさが見る者の目を引く。いかにもといった感じでブランド名が大きく紙面を飾る。まさにアート系広告の代表格である。時計は高級腕時計の文字盤が実物の数十倍の大きさで見る者を圧倒してくる。機能や価格には一切触れない、紙面を飾るのは文字盤の精巧さと、ブランド名だけで、新聞広告というよりもポスターである。印刷された紙が再生紙でなく上質な紙であれば部屋に飾りたいほどのアートである。

不動産会社も15段広告の常連。分譲や賃貸マンションの広告はよく見かける。数千万円という価格が非現実的で、かつ関心がないのでじっくり見たことはないが、こちらはモノクロで価格や利便性をアピールする、アート系とは一線を画すデザインとなる。

ちなみに、日経の15段広告の掲載料金（朝刊全国版料金）は２０４０万円（税別）。10段以上のカラー刷りだと、４９０万円が別途かかる。日経にカラー刷りで15段広告を載せるとなると。約２５００万円かかるということである(6)。

となれば、価格の安い商品が対象となることは少ない。出版社が15段広告で新刊を宣伝することが稀であることは推して知るべし、である。

しかし、クルマの広告とは考えてみれば奇妙である。軽自動車でも乗り出し時の総経費は１５０万円ほどかかる。スポーツタイプやオプションをたくさんつければ２００万円近くなる。こうなると大きな出費である。ましてや国産高級車や輸入車となれば５００万円ほどは覚悟しなければならない。さらに、それ以上の高級車となると際限のない世界。価格的にもマニアックと溜息をつく世界である。

となると、朝、新聞を広げて、ＢＭＷの広告を見て、「よし、週末に買いに行こう」となる商品ではない。ディーラーの来訪者の大半は、買うというよりお目当てのクルマを「見る」のであり、そのブランドの良さを改めて確信し、「いつかは……」と思いを馳せるのではないか。だから、特に輸入車の広告は、ごちゃごちゃ文字を入れない。ただ、美しいクルマのフォルムを強調するか、または、メルセデス・ベンツならば、メーカーのエンブレム（スリーポインテッドスター）をことさら誇張して、ブランドイメージを訴えるのであろう。

また、クルマは走ってなんぼの移動手段なのに、疾走する写真を使った新聞広告はほとんど見かけない。表現しにくいという面は否めないが、では、動画ならば走っているシーンばかりかというと、必ずしもそうではない。クルマが佇んでいるだけのものも少なくない。クルマは単なる移動手段ではない。佇まいからして美しいものなのである。

新聞に掲載された自動車広告は、掲載される新聞によって、同日であっても広告デザインに相違があったり、カラー刷りの場合、クルマのボディカラーが違っていたりすることがある。

今回の対象期間で見ると、まず、輸入車では、「ポルシェ、自らを超える。」とのコピーで、24時間耐久レースで優勝したことを、当日のレーシングカーを15段広告に大きく乗せPRした裏面には、「なぜ、走りつづけるのか、なぜ、挑みつづけるのか。それは、ただ勝つためだけではない。」と意味深な文章で、明らかにポルシェを意識したアウディの15段広告が載った（2015年6月16日、朝日、5・6面）。勿論、アウディもレーシングカーを中央に大きく配したデザイン。まさしく広告としても壮絶なバトルである。

アウディは先の表を見てもわかるように、輸入車では最も新聞広告に頻出するメーカーで、広告手法も多様である。

たとえば、アウディA4に安全装備のアシスタンスパッケージなどを標準装備化したオプションパッケージ「ダイナミックライン」のデビューでは、掲載面は5段と小さいものの、1頁おきに、同車の真横、斜め前方、斜め後方の写真を乗せて、見る者を印象づけた（2015年1月30日、朝日、7・9・11面）。

人気作家、池井戸潤を使った朝日にしか掲載されないアウディの広告は、池井戸氏の熱狂的なファンなら知っているのかもしれないが、地方紙の世帯普及率が高い石川県や富山県（ちなみに朝日は2％程度）では、こういった情報を知らない人が多いのではないか。特に京都や金沢など、池井戸氏が旅を綴った作品が掲載されているので、文学担当の図書館員は気づいてほしいものである。

新聞広告とは離れるが、アウディの話題でもう一つ。2015年4月17日、アウディジャパンがとんでもない新聞折り込み広告を部数限定で朝日新聞朝刊（東京・大阪エリアの一部）に配布した。アウディA3を幅178・5cm、高さ145cmのサイズの紙に原寸で再現したのである。前代未聞のこの広告は世界最大としてギネス世界記録に認定されたという。

メルセデス・ベンツは、15段広告を同日に2面掲載。「Engine革命」とのコピーでCLS220とE220を印象づけた（2015年4月10日、朝日、7・9面）。

こうして広告を見ていると、アートとして楽しむだけではなく、マーケティングの駆け引きも垣間見ることできる。

国産車に話を変えると、シエンタのデビュー広告はすごかった。4面連続15段広告に5段広告の5面連続（2015年7月11日、16〜20面）。単にクルマの造形をアピールするものではなく、サッカー選手を配して居住性を印象づけるものだった。

また、ヴィッツのカラーバリエーションを強調するため、オレンジやイエローなど12色のヴィッツを15段見開き（30段）に配した広告もインパクトがあった（読売、２０１５年7月24日、20・21面）。

トヨタはトヨタとレクサスに分けると、トヨタは環境や技術といったものを訴求する広告もありバラエティに富むが、レクサスは輸入車のようにブランドイメージを強調する傾向が強く、３紙に掲載された広告は全て15段広告である。

販売台数に比べ、広告掲載件数が少ないのは日産とホンダである。雑誌やテレビといった他の媒体を重視した広告戦略なのかどうかはわからないが、ホンダのレジェンドの15段広告は日経にしか掲載されなかったが、ホンダのフラッグシップカーに相応しいアート系の広告として出色である。

３紙共通して掲載しているのがスバルである。「New SUBARU SAFETY」と銘打ったシリーズ広告は、肝心のクルマの扱いは小さく、人の表情が豊かに描かれているイメージ広告である。幼児や妊婦などをモデルにスバルの安全に対する取り組みをアピールする秀作である。

読売においてダイハツが突出しているのは理由がある。縮刷版には都内の地域面が収録されていることから、週末のフェア広告が15段で載ることが少なくない。ただし、全てがフェ

広告主の割合（国産車）　単位：掲載段数

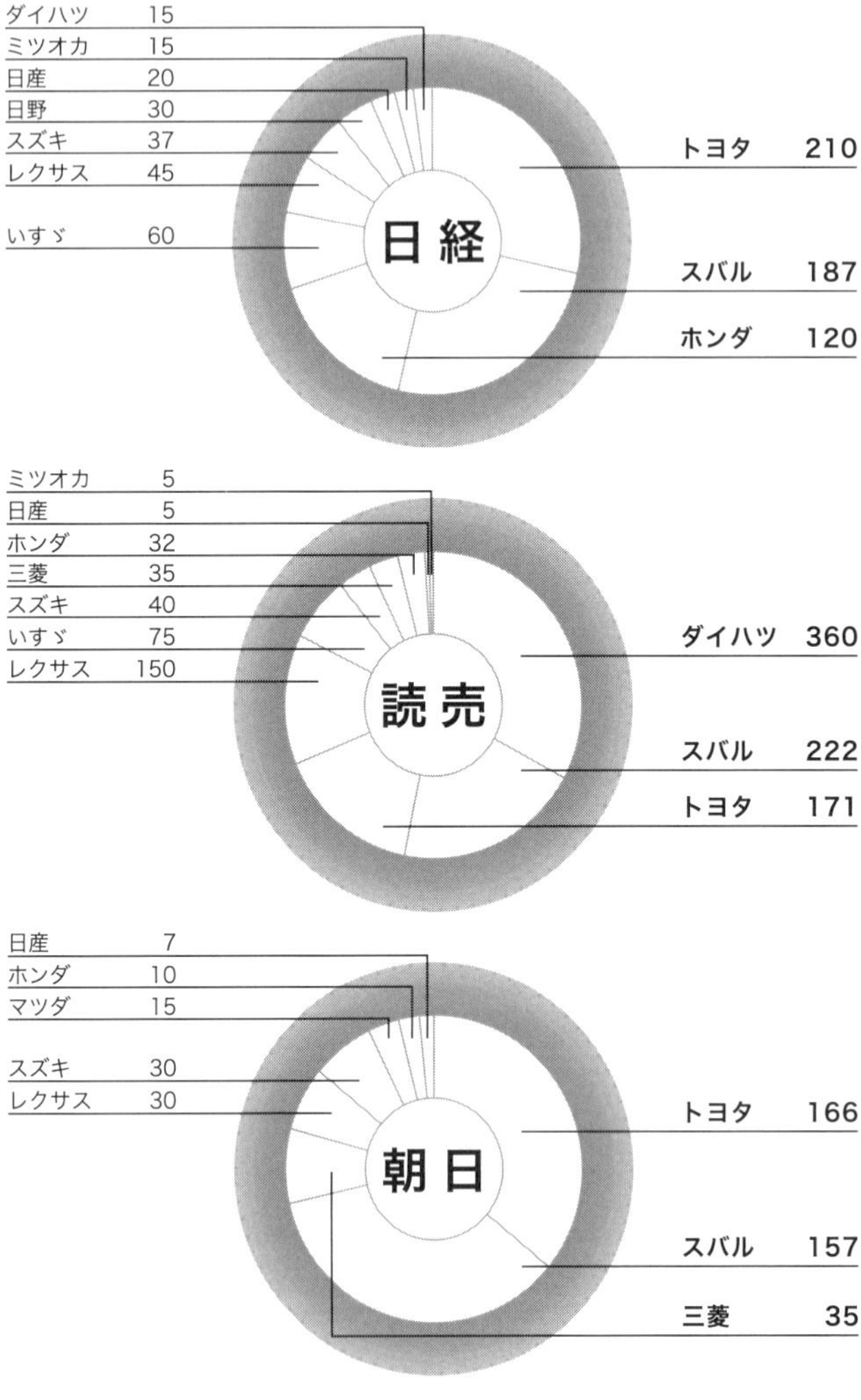

ア広告ではないので、そもそも読売自体へのダイハツの広告掲載件数が他紙に比べて多いのである。

最後に、広告掲載日であるが、輸入車は圧倒的に木曜日と金曜日に集中している。国産車も15段広告はその傾向にあるが、フェア広告はほとんどが土曜日である。

そして、アート系の広告の主役であるクルマについて、そのフォルムはどの方向から撮られたものかを調べると、圧倒的に斜め前方であった。サイド、フロントは少なく、リア、斜め後方はほとんどなかった。

私はクルマの美しさはフロントではなくリアだと思っているのだが、しかし、広告に載るのは斜め前方が大半。唯一、15段広告で斜め後ろのデザインを強調していたのは日経に載ったボルボだけであった（２０１４年10月17日）。

私もボルボに乗っていたことがあるが、愛車であった２４０ＧＬワゴンを選んだ理由はサイドとリアのデザインに惚れたこと。フロントは正直言って好きな「顔」ではなかった。しかも私が乗っていた年式はリアウィンドーがメッキモールで縁どられていたタイプ。しかし、マイナーチェンジでこれがなくなってしまい、私が嫌いなガラスエリアを大きくみせるタイプに変わってしまった。たかがモールの有無と嘲笑されるのがオチであるが、私にとってリアの表情はクルマ購入の最大の決め手なのである。

ちなみに、ＢＭＷミニのクラブマン（初代）も唯一無二のリアスタイルに惚れ込んで購入したのであるが、現在は全く変わってしまった。テールランプの位置や形状の違い一つであっても、リア好きには購入の決め手ともなる大きな問題なのである。

Ⅲ　クルマ広告の歴史

自動車広告の歴史を研究分野とされている人はいるにはいる。自動車広告のコレクターによる出版物も点数は多くはないが刊行されている。研究論文にも面白いものが少なくない。自動車広告の歴史を本稿であらたまって書くほどの知見はないので、詳しく知りたい方は、お近くの図書館へ、と言いたいところであるが、ところがどっこい、所蔵している図書館はそう多くはない。

我が国の自動車広告について、掲載メディアを新聞に絞って編まれた本の傑作に『新聞広告でたどる60～70年代の日本車』（三樹書房、２００７年）が挙げられる。

新聞の自動車広告のコレクターである沼尻新と上鶴瀬孝志のコレクションを基に、沼田亨が編んだものである。しかも俎上に載せた広告は国産車限定である。

２７０点を超える新聞広告がビジュアルに紹介され、ダットサン・ブルーバード５１０やダイハツ・フェローといったように、二十数台が車種別に編まれ、各広告の解説と、各車種の歴史が非常にわかりやすく解説されている。

僅かではあるがカラー刷りの広告も収録されているが、残念ながら褪色は避けられない。新聞という資料の保存の難しさをこの本が教えてくれている。

資料提供者の二人が新聞広告を集め始めたのは、沼尻氏が15歳、上鵜瀬氏が14歳の頃で、男の子ならば、興味を持ったものは何でも集め始める年齢かもしれない。私の場合、この頃はプロレスとロックに明け暮れていて、コレクションは切手に飽きて、ペナント（長三角旗）集めに夢中だった。なんでもそうであるが、この頃に集めたものを60歳くらいまで持ってさえいれば、誰もがいっぱしの「お宝」コレクターになれるのであるが、そうはいかない。なかには受験勉強に差し支えるなどという不条理な理由で、親に捨てられた同志も多いのではないだろうか。

実際、上鵜瀬氏も広告コレクションに熱中するあまり、お母さんの逆鱗に触れ、コレクションは風呂の焚き付けに化けた、と本書で述べている。

親と言うのは理不尽なもので、子どもにもっとたくさん本を読んでほしい、と言いながら、度を超して本に耽溺《たんでき》すると、「本ばかり読んでいて、外に遊びに行かなくて困る」と言うのであるからたまったものではない。

この本は類書のないものである。装丁もしっかりしていて資料価値が極めて高いことから、違う年代や輸入車等、続編の刊行を心待ちにしているのであるが、いまだ刊行されていない。やはり市場が小さいのであろうか。

この本を手にした時は、同好の〝師〟がいたことに快哉を叫んだ。こうして公刊資料として記録されて、保存されていくことに、「図書館員」として安堵したのである。

広告は言うまでもなく、扱う商品が一定の購買市場として成立していなければ、広告として扱われることは少ない。もちろん、シーズ広告として需要を喚起するマーケティングもあるが、クルマは小遣い程度で買える代物ではない。

東武鉄道の経営者であり、衆議院議員でもあった根津嘉一郎は、クルマがまだ一部の富裕者の特権的な乗り物だったころのオーナーの一人で、1902年当時、現行価格で換算すると1億2750万円から8500万円のクルマを所有していたとのことである。この話は、日本の自動車産業の黎明期以前のクルマ文化を知るうえで貴重な論文である小林英夫の著作

（「日本で自動車はどう乗られたのか」『アジア太平洋討究』№25、2015年）に詳しい。自動車産業の戦前史については、佐々木烈の『車社会その先駆者たち』（綜合出版センター、1988年）や『日本自動車史―日本の自動車発展に貢献した先駆者達の軌跡』（三樹書房、2004年）等、多くの文献から知ることができる。

私は、国産車の歴史を辿る資料として図書館に所蔵しておいてほしい一冊に、別冊モーターファンとして出版された『国産車100年の軌跡』（三栄書房、1978年）を挙げたい。AB判、360ページの大部の著作はもとより、収録された自動車メーカーや自動車部品メーカーの広告全てに「三栄書房／モーターファン 30周年 400号記念」と入っているのが個人的にも嬉しい一冊である。

しかし、東京都内の公共図書館で所蔵しているのは、都立図書館と江東区の図書館のみ。雑誌の別冊であったことから選書に漏れたのか、それとも除籍されてしまったのか（あってはほしくないことであるが）、寂しい所蔵状態である。

どうして、そこまでこだわるのか、と思われるだろうが、考えてほしい。自動車は1台あたり2万点以上の部品からつくられている精密機械である。それだけ多くの関連企業の技術・労働による生産物と言える。日本の機械工業の40％、全製造業の17・5％を自動車製造業が占め（２０１４年）(7)、この産業に就労する労働者を考えても、クルマは国民の歴史と言っても過言ではないくらい日本を代表する巨大産業。１９７２年、当時世界一厳しくパスすることは不可能とまで言われたアメリカの排気ガス規制法（マスキー法）の規制値をホンダが最初にクリアするなど、世界中の国々が日本の技術や環境対策を高く評価しているのである。単なる好事家の世界ではない。国民が世界に誇る産業である。

さて、話を広告に戻そう。広告好きならばご存知だろうが、電通が２０１６年２月23日、わが国の総広告費と、媒体別・業種別広告費を推定した「２０１５年（平成27年）日本の広告費」を発表した。

２０１５年の日本の総広告費は、６兆１７１０億円（前年比１００・３％）となり、４年連続で前年実績を上回った(8)。

日本の媒体別広告費は次表のとおりである。

一方、出版物の世界はどうであるか。出版科学研究所によると、取次ルートにおける２０１５年の出版物推定販売金額は前年比５・３％減の１兆５２２０億円である。昨年の４・５％減を上回り、過去最大の減少率。これで11年連続のマイナスとなった。

内訳は、「書籍」７４１９億円（前年比１・７％減）、「雑誌」７８０１億円（同８・４％

日本の媒体別広告費　　単位：億円

マスコミ4媒体広告費		28,699
	新聞	5,679
	雑誌	2,443
	ラジオ	1,254
	テレビメディア	19,323
	地上波テレビ	18,088
	衛星メディア関連	1,235
インターネット広告費		11,594
	媒体費	9,194
	広告制作費	2,400
プロモーションメディア広告費		21,417
	屋外	3,188
	交通	2,044
	折込	4,687
	DM	3,829
	フリーペーパー・フリーマガジン	2,303
	POP	1,970
	電話帳	334
	展示・映像ほか	3,062

減）。雑誌分野の「月刊誌（週刊誌をのぞくすべて）」は６３４６億円（同７・２％減）、「週刊誌」は１４５４億円（同13・６％減）となった。

また、同研究所は２０１５年から新たに電子出版の市場動向調査も始め、２０１５年の販売額は１５０２億円で、前年比31・３％増と発表した⑼。

いかに広告産業が大きなものであるかがわかるかと思う。

『広告白書２０１５』（日経広告研究所、２０１５年）によると、自動車関連の広告宣伝費を見ると、単独決算では、三菱自動車工業が約348億円で2位、富士重工業が12位（約205億円）、ダイハツ工業が14位（約194億円）、マツダが17位（約171億円）と上位20社に4社が入っている。ちなみに1位は花王である。

連結決算では、トヨタ自動車が約4194億円で2位、本田技研工業が3位（約2975億円）、日産自動車が4位（2890億円）、マツダが9位（1075億円）、三菱自動車工業が10位（1061億円）と、ベストテンの半分を自動車会社が占めるという巨大な広告主なのである。ちなみに、こちらの1位はソニーである。

自動車はそもそも、排気ガス、交通渋滞、交通事故等、社会的に好まれない要素も含んでいる商品である。先述したように、2015年だけでも、スバルは15段広告で、「もしもの時、スバルはいのちを守る「かご」になる。」「クルマは、人生を乗せるものだから。」などのコピーで、自動車が人間に優しい乗り物であることを訴求する広告を主要な新聞で展開している。

いすゞは、2連30段（見開き）広告で「この星の、すべての道が私たちの仕事場です。」（読売、2015・4・1）、「トラックは家族。その国の人々にとって、整備士は医師に近い。」（読売、2015・10・1）のようなイメージ広告を掲載している。

過去に遡ってみても、日産が「環境問題に対して、日産がしていること、しようとしていること、現状ではできないこと。」(日経、1991・4・22)とのコピーを掲げ、6000字余の長い文章で企業としての環境問題への取り組みをアピールしている。また、その徹底した安全対策が企業ブランドとして流布されているボルボは「私たちの製品は、公害と、騒音と、廃棄物を生み出しています。」(日経、1990・5・17)と紙面に大きく記した広告を掲載している。これらはあくまで一例に過ぎない。多くの自動車メーカーは、人間を守り、地球を守るために、自動車ができることを、広告を通じて訴求《そきゅう》しているのである。

ちなみに、日本の交通事故死者(事故発生から24時間以内に死亡)の数は、1970年に1万6765人とピークになったが、2015年は4117人と4分の1にまで減少している。背景として、運転手や歩行者の交通マナーの遵守や道路環境の整備はもとより、自動車自体の安全装備の充実も挙げられる。ちなみに、2015年のアメリカの交通事故死者数は約3万2000人(10)。交通事情や法規等、単純に比較はできるものではないが、日本の交通事故死者数の減少率はアメリカを凌駕している。余計な話であるが、アメリカは2015年に銃による死亡者が交通事故死者数を超えてしまった。

日本の自動車産業がアメリカの後塵を拝していたことは周知の事実。しかし現在、日本車は世界を席捲するまでに成長した。

２０１５年、イギリスの自動車雑誌『What Car ?』と、自動車保証サービス会社Warranty Directによる〝もっとも信頼できる自動車ブランド〟の調査結果が発表された(11)。

今回の調査は、新車購入から３〜８年経過した車で、メーカー保証の範囲や期間、修理費用、修理に対応するディーラーの数、修理パーツの入手のしやすさを調査したもの。１位はホンダ、２位はスズキ、３位はトヨタと上位を独占。以下、日本車は、マツダが４位、レクサスが７位、日産とスバルが９位と、ベスト10の11社中、７社を占めている。

また、２０１５年10月21日、Ｊ・Ｄ・パワーは、国内で初となる「２０１５年日本自動車耐久品質調査ＳＭ（Vehicle Dependability Study, 略称VDS）」を発表。新車購入から37〜54ヵ月が経過したユーザーを対象とした「壊れた」「困った」といった不具合の調査である(12)。

ブランド別のスコアでは、次表のとおり、レクサスが54点でトップとなり、以下、ダイハツ、ホンダ、三菱、トヨタと国産メーカーが上位を占めた。また、車のセグメント別では、軽自動車がアルト（スズキ）、コンパクトカーがキューブ（日産）、ミッドサイズがＳＡＩ(トヨタ)、ミニバンがアルファード(トヨタ)がそれぞれ1位となった。

かつて、自動車産業の黎明期、欧米メーカーの技術を学ぶためノックダウン生産を行なっ

J.D. パワー　アジア・パシフィック
2015 年日本自動車耐久品質調査SM（VDS）
ブランド別ランキング　　単位：PP100

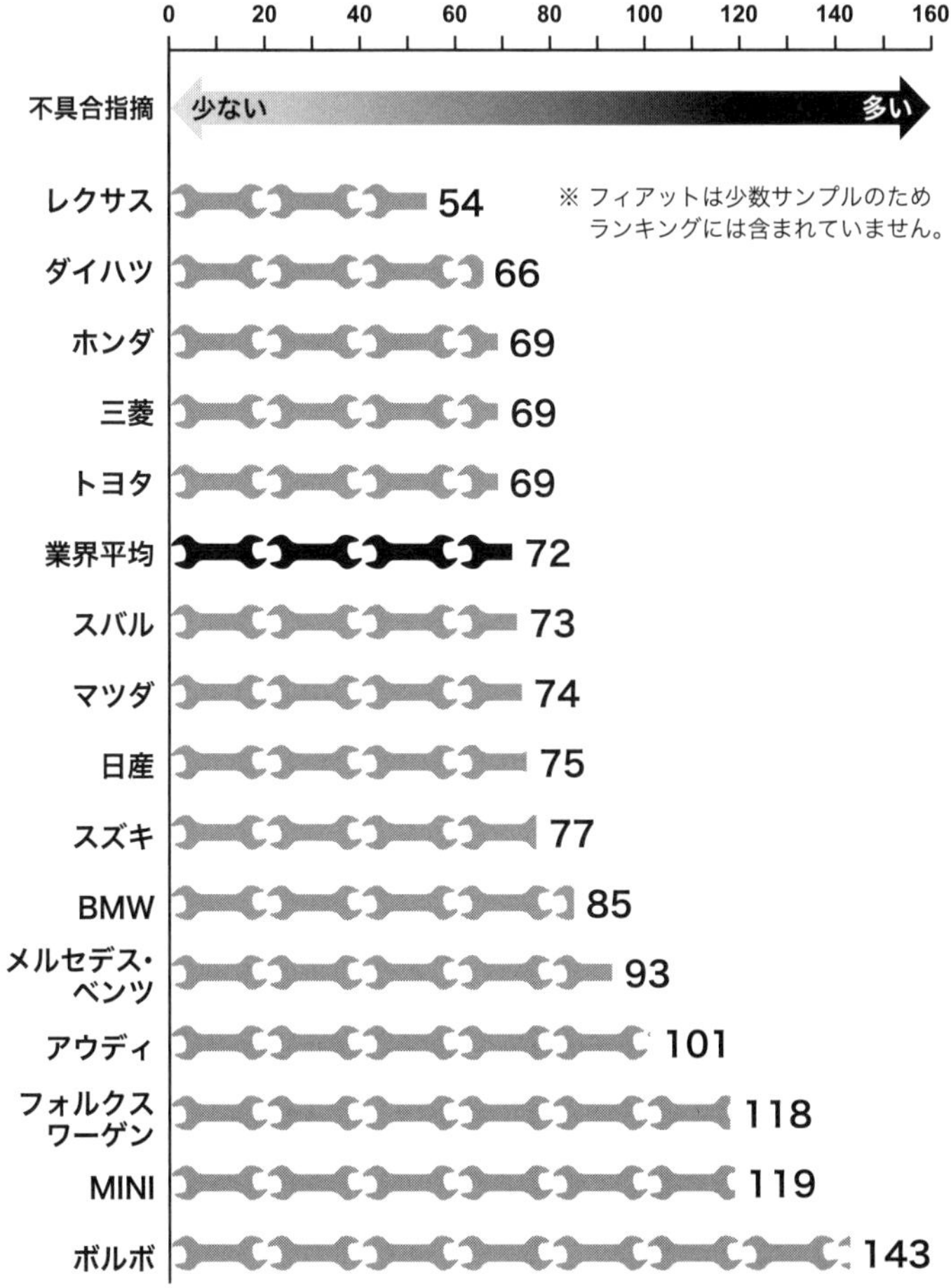

出典　J.D. パワー　アジア・パシフィック　2015 年日本自動車耐久品質調査SM(VDS)

ていた当時の日本を思うと、この成長ぶりは驚異である。

国産の自動車が誕生したのが１９０４年。１９１３年には国内初の自動車専門誌『モーター』（モーター雑誌社）が誕生した。しかし、日本におけるマイカー元年は１９６６年。自動車雑誌が広く読まれるまでには相当な年月を要した。世界で見ると、最も古い自動車雑誌は『AUTOCAR』である。創刊は１８９５年11月２日とある。通巻は６０００号を超える長寿雑誌である。

１９０２年、『ライフ』に初めて自動車広告が載り、１９０３年に入ると自動車メーカーはたちまち最大の広告スポンサーとなったらしい。（生田保年 編『アメリカン・カー・グラフィティ』実業之日本社、１９８６年）

これはアメリカにおいての話で、イギリスにおいては１８９６年のものが最も古い自動車広告とのことである（ジュリー・アン・ランバート、ニック・ボールドウィン共著：小林彰太郎訳『英国におけるモータリングの歴史１８９５‐１９４０年』、豊田市、１９９８年）。

ならば、日本で最初の自動車広告は、何というクルマが、何に載ったのだろう、と数日間調べてみたが、わからない。アド・ミュージアムの広告図書館にレファレンスしてみようかと考えたが、面倒をかけそうで悪いなと思ったとき、閃いたのが国立国会図書館のレファレンス協同データベース。早速、調べて見たら「あった！」のであるが、回答は「不明」とのこと。しかも回答した図書館は、尋ねようと思っていた広告図書館。なんとも奇遇である。「不明」の後に次の記述がある。

「1910（明治43）年には自動車用タイヤの新聞広告が、1913（大正2）年には外車の新聞広告が確認できたことは伝えた」と。

追記として、『明治の輸入車』（佐々木烈 著、日刊工業新聞社、1994年）で確認できる（広告図書館に当該資料がない）とあったので、ここまでくれば、『明治の輸入車』を購入するか、図書館で借りる（閲覧する）かである。しかし、この本は新刊では購入できず、ネット書店での価格は定価（3000円）の1・5倍。これではちょっと手が出ないので、茨城県内の図書館を横断検索すると、茨城県内では唯一、守谷市立中央図書館に所蔵されていた。隣の千葉県では県立図書館が所蔵していた。

千葉県立図書館は、日本の都道府県立図書館では最多の3館の県立図書館があり、鹿嶋から一番近い東部図書館（旭市）は茨城県の水戸市よりも近い。早速、東部図書館に電話して、中央館の本を東部に取り寄せてほしい旨伝え、後日、東部図書館で現物を閲覧した。

本書によると、「ブルウル兄弟商会は同年2月23日のジャパン・タイムズ紙に初めてナイアガラの販売広告を出し、3月26日付け同紙にナイアガラが到着した旨を報じている。」とあった〔注：同年とは明治34年（1901年）、ナイアガラとは米国製ナイアガラ蒸気自動車〕。

こうして、レファレンス協同データベースの回答の追記にあった内容を確認して、とりあえず一件落着となった。茨城県では唯一、守谷市立図書館が所蔵しているが、鹿嶋からは千葉県旭市よりも遠い。相互貸借制度だと郵送料金の自己負担がある。他の調べもののついでに東部図書館に行くことにした。図書館はこういう使い方ができるのである。多分、多くの方がこうしたサービスを知らないのである。

参考までに、明治34年3月8日の東京日日新聞にブルウル兄弟商会が出した広告の本文を紹介する。

自動車　原名オートモビル
千九百一年新形ナイヤガラ号
右は目下欧米諸国に於て盛に流行仕居候自動車中

最も完全なる新形にして車体は堅牢美麗を主とし蒸気機関は決して破裂の憂なくして優に八馬力を給するの外二十度内外の阪路を登り得其進行に要する費用の如きは甚だ低廉なるものに御座候若し之に依りて旅行するに至りては其軽便にして興味の多きと筆紙の尽くすべきに無之候該機械最早近日到着の筈に御座候へば御用の御方は御申込次第委細の儀御回答可申上候

（注：改行は広告のとおり、漢字は当用漢字に変更）

いかがであろうか。１９０１年の広告である。１９１０年には、東京、神奈川の自動車愛好家を中心に日本自動車倶楽部が結成されたというのである（前掲：小林英夫）。ちなみに会長は早稲田大学創設者であり初代総長の大隈重信である。

また、愛知県豊田市中央図書館に電話をして、世界で最初に雑誌に載った自動車広告はいつであるか、と照会。数日後には丁寧な資料が送られてきた。こうして、疑問に思ったこと

90年前の1927年の世界の自動車の生産台数　単位：1,000台

世界	アメリカ	イギリス	フランス	ドイツ	イタリア	日本
4,184	3,401	198	191	122	54	0.302

を図書館に尋ねることができるのである。

さて、90年前の1927年の世界の自動車の生産台数はどうであったか。いかに日本が世界に遅れ、また、いかにアメリカが世界に冠たる自動車王国であったかがわかるだろう（上表）。

となれば、自動車広告もこの時代にはアメリカは百花繚乱。1909年にはカラー刷りで、華やかな広告が雑誌を飾ったのである。（生田保年 編『アメリカン・カー・グラフィティ』実業之日本社、1986年）

ここで再度、国会図書館のレファレンス協同データベースに登場願おう。質問は「アメリカの歴史と文化のこの100年を広告を通して調べたい」というもの。回答として挙げられたのは13点の本。「資料(1)〜(9)はイラスト、雑誌の表紙、ポスター等を多収録している大型本。資料(10)〜(13)は、広告のグラビアや写真が多く、流れや時代が分かる。」と。回答館は、東京都立中央図書館。さすがに、しっかりと資料をおさえてある。（98ページ表）

実はこれらの本の多くが、クルマの広告で占められているのである。それだけ、アメリカにおいてクルマは社会生活の中で大きな存在であること

がわかる。

もちろん、他にもこの質問の答えとなる本は出ているので、図書館に行ったら674（広告・宣伝）の棚を見てほしい。ただし、上記の資料がほぼ揃っているのは規模の大きな図書館なので、ご注意を。

この章の最後に相応しい話で締めくくることとする。

アメリカの広告業界誌『アドエージ』が選ぶ20世紀の広告キャンペーントップ100の第1位は何とクルマの広告であった。やはり、アメリカである。しかしそれはマスタングでも、キャデラックでもない。1960年のフォルクスワーゲン タイプ1（ビートル）の広告だった。この広告で、それまで売れなかったビートルが一躍ナンバーワンカーになった。まさに広告の力である。当時のアメ車と言えばフルサイズ全盛期で、排気量は8000ccを超えるものまであった時代に、1200ccのスモールカー、である。

フォルクスワーゲンの広告戦略については、西尾忠久 編著『フォルクスワーゲンの広告キャンペーン』（美術出版社、1963年）に詳しく書かれている。見ても読んでもとにかく楽しい本である。

数点、本書に収録されている素晴らしいコピーを紹介する。

アメリカの歴史と文化のこの100年を広告を通して調べた

【資料1】'30年代アメリカのマガジンアド・グラフィック 2 ファッション・インテリア・食料品・タバコ / 中子真治∥編 / 学習研究社 , 1989.4 D/6749/3029/2
【資料2】'30年代アメリカのマガジンアド・グラフィック 1 自動車・機関車・船・飛行機 / 中子真治∥編 / 学習研究社 , 1989.2 D/6749/3029/1
【資料3】ファッション・文具・生活グッズ / 中子真治∥編 / 学習研究社 , 1988.6 ('30年代アメリカのパッケージ・グラフィック 1) D/6742/3001/1
【資料4】食品・お菓子・香辛料 / 中子真治∥編 / 学習研究社 , 1988.7 ('30年代アメリカのパッケージ・グラフィック 2) D/6742/3001/2
【資料5】アメリカの広告写真：写真集 / 中井幸一∥著 / 日貿出版社 , 1976 D/6749/95/76
【資料6】The '60s 広告の中のアメリカ・1960年代 バラエティ / 生田保年∥編 / グラフィック社 , 1989.10 D/6749/3060/89
【資料7】The '60s 広告の中のアメリカ・1960年代 クルマ / 生田保年∥編 / グラフィック社 , 1989.10 D/6749/3061/89
【資料8】アメリカン・ロマンス / 生田保年∥編 / 平凡社 , 1988.12 (夢の '50s The world of advertising art 1) D/6749/3038/1
【資料9】アメリカン・メモリー / 生田保年∥編 / 平凡社 , 1988.12 (夢の '50s(フィフティ - ズ)) D/6749/3038/2
【資料10】シヴォレーで新聞配達：雑誌広告で読むアメリカ / 片岡義男∥著 / 研究社出版 , 1991.12 /6749/3146/91
【資料11】マッド・アマノのアメリカ広告通信 / マッド・アマノ∥著 / 広松書店 , 1984.12 /6749/309/84
【資料12】アメリカの広告表現 / 日経広告研究所∥編 / 日経広告研究所 , 1984.4 (広研シリーズ) /6749/322/84
【資料13】アメリカ広告の風と土：バージニアからの手紙 / 千場英男∥著 / 電通 , 1985.8 /6749/359/85

No point showing the, 62 Volkswagen. It still looks the same
「とくにお見せするものはありません、62年型フォルクスワーゲンはいままでと同じ」
＊広告の5分の1は真っ白。「なにもない」からである。（＊は筆者）

Impossible.
「あり得ません」
＊ワーゲンは空冷なので、ボンネットから蒸気が上がることはない、というもの。しかも、写真はワーゲンのボンネットが開いて蒸気が上がっている（ちなみにワーゲンのエンジンはリア）

Lemon.
「不良品」
＊不良品は輸出しない、という自信をこめた惹句

なお、この本はかなり古いので、広告の印刷状態の良いもので見たい方は、同じ西尾氏の著作『企画のお手本―VWビートルによる発想トレーニング副読本』（ロングセラーズ、1986年）をお薦めします。

最後に、私の大好きな広告を紹介する。クルマの広告ではない。図書館の広告である。広告主はニューヨーク公共図書館。世界屈指の私立の図書館である。

この広告を知ったのは、片岡義男『シヴォレーで新聞配達』（研究社出版、1991年）であった。副題が「雑誌広告で読むアメリカ」とあり、著者とタイトルからして買わずにいられないもの。

同社の月刊誌『時事英語研究』に1987年から1991年まで連載したものを一冊にまとめたもので、いかにもアメリカといった洒脱な広告と、著者の秀逸な文章が相まって、私にとってお宝のような本である。

拙著『だから図書館めぐりはやめられない』（ほおずき書籍、2012年）でも取り上げており、日本の図書館の雑誌コレクションの貧弱さを、『シヴォレーで新聞配達』に絡めて述べた。

この著作の中で紹介された広告は美しいカラーのものばかり。その中で異彩を放つのが

西尾忠久著『企画のお手本―VW ビートルによる発想トレーニング副読本』
(KK ロングセラーズ、1986 年) より

ニューヨーク公共図書館のモノクロームの新聞広告。その広告の半分を占めるのが１９５４年5月18日付け（片岡氏は、日付については「だと思う」と表記）の『ザ・ニューヨークタイムズ』の一面を二つ折りにした写真。掲載紙は『ニューヨーク』というタウン誌である。

その一面のコピーは

「HIGH COURT BANS SCHOOL SEGREGATION;
9-TO-0 DECISION
GRANTS TIME TO COMPLY」

１９５７年5月17日に最高裁が下したブラウン判決を伝えたもの。黒人と白人を公立学校で区別した教育は憲法に違反するとした歴史的判決である。

この判決は、人種差別の歴史的資料を図書館がアーカイブスしてきたことで勝ち得たものであると、ニューヨーク公共図書館の矜持《きょうじ》をアピールしている。「One of the Library's Greatest stories」との控え目な惹句がにくい。やっぱ、アメリカってカッコいいなぁ、と唸ってしまう。こんな素敵な広告が日本の図書館でも出せたらいいだろうな。

片岡義男著『シヴォレーで新聞配達～雑誌広告で読むアメリカ』
（研究社出版、1991 年）より

（1）http://car.watch.impress.co.jp/docs/news/20130222_588989.html
（2）前掲（1）
（3）http://www.marklines.com/ja/statistics/flash_sales/salesfig_usa_2016
（4）http://www.marklines.com/ja/statistics/flash_sales/salesfig_france_2016
（5）http://www.marklines.com/ja/statistics/flash_sales/salesfig_italy_2015#oct
（6）http://adweb.nikkei.co.jp/paper/ad/
（7）http://www.jama.or.jp/industry/industry/industry_3t1.html
（8）http://www.dentsu.co.jp/news/release/2016/0223-008678.html
（9）http://www.shinbunka.co.jp/news2016/01/160125-01.htm
（10）http://www.bloomberg.com/news/articles/2012-12-19/american-gun-deaths-to-exceed-traffic-fatalities-by-2015
（11）http://car-me.jp/articles/1937
（12）http://diamond.jp/articles/-/81577

第3章　もう少しコレクションの話を

クルマの絵本

2章ではお金のかからない新聞広告、新聞折込みチラシ、DMなどの卑近なマイ・コレクションの話を書いた。もっとも、質・量ともにコレクションと胸を張れるものは何もない。収集に熱意の欠片《かけら》も感じない、とコレクター諸氏に叱責されるのは必至であることは十分に承知している。

でも、多少はお金をかけて集めているものもある。正確に言うと集め始めて10年余なので、まだまだコレクションの域には達していないが、関連情報をキャッチするアンテナだけは不断に高く伸ばしているつもりである。

その一つが絵本である。絵本とは言っても、クルマがモチーフで、しかもフォルムがしっかりと実車の特徴を伝えているものに限っている。単にフォルクスワーゲンのビートルに見えなくもない丸くデフォルメされて描かれたクルマは対象とはならない。あくまで、「マニアしか気がつかないこだわりが描かれているな」「そうそう、このディテールの雰囲気がたまらない」といった、作画者のクルマへの偏愛が伝わってくる絵でなければならない。よって、乳幼児向けの絵本ではなく、それよりも若干、対象年齢が上がった絵本となる。絵本を読んでいる（見ている）子どもの脇に居たお父さんが（お母さんでもいいのだが）、ふと、子どもが見ている絵本に目をやった瞬間に、「なんじゃこりゃ（いきなり松田優作）」と、子どもが見入っている絵本を取り上げげんばかりに身を乗り出すような作品と言えば、おわかりいただけるだろうか。

そんな絵本があるの？　と驚かれる方もいるかもしれない。数はそう多くはないが、クルマ好きの大人なら、思わず「ジャケ買い」してしまう絵本があるのである。

ＢＯＷ、鈴木英人、岡本三紀夫、松本秀美など、クルマ好きならご存知のイラストレーターの作品は、いわば大人向きに描かれたもの（むりやり分類する必要はないのだが）。こちらはこちらで、気に入った作品は集めてはいるが、意外と作品は見慣れていても、作品集が刊行されているイラストレーターはそう多くはない。先述したように、これだけ自動車雑誌が群雄割拠する日本において、カーイラストレーションという世界が雑誌や本で市場を形成していないのが不思議なくらいである。

『ハートカクテル』で知られる、わたせせいぞうの作品にもクルマは欠かせない〝脇役（私は主役と見ているが）〟である。クルマの丸いフォルムが、幸せの頂点にいる恋人たちの心境を代弁しているように描かれた作品は、二人の魂がクルマに宿ったように美しい。いや、実車ではこの美しさは表現できないだろう。ファインダーを通したクルマのフォルムも美しいが、私は作者のクルマへの愛情が筆先に宿ったイラストレーションに、写真以上に美しいというか愛おしさを覚える。

さて、絵本に戻るが、子どもは乗り物が大好きである。特に男の子はクルマ好きが多いのではないか、というのが14年間勤務した図書館現場での実感である。

既刊の拙著でも触れているので、若干の重複はお許しいただきたいが、今村幸治郎の作品との出会いが、クルマ絵本との蜜月のそもそもの始まりである。色鉛筆で描かれたシトロエンのかわいらしさに一目惚れであった。『ロボコンランドの１２３』(偕成社、１９８５年)、『月のこどもたち』(偕成社、１９８６年)等の絵本もあれば、『夢のクルマ』(二玄社、１９９２年)といった大人向けの画集もある。

シトロエンのオーナーで今村氏を知らない人はモグリといっても過言ではないくらい有名な方である。

こもりまことの作品も傑作である。『バルンくん』(福音館書店、２００３年)、『はやいぞブンブン』(童心社、２００５年)、『ダットさんうみをはしる』(教育画劇、２００９年)など、クルマを描いた絵本を数多く発表されている。

『バルンくん』は、オースチン・ヒーレー・スプライトが表紙に正面から描かれているので、ライトウェイト・スポーツカーや英国車好きにはたまらない作品である。

『ダットさんうみをはしる』は、ダットサン・フェアレディ２０００（ＳＲ３１１型）が主人公。２００７年に出された『ダットさん』の第２弾で、本作もエスハチくん、エヌコロちゃんも登場。舞台は三浦半島。神奈川県内の図書館にはなくてはならない作品である（強引な決めつけは承知で）。

ここであえて説明するのはクルマ好きには野暮なこととお叱りを受けそうであるが、エスハチとは「トヨタＳ８００」、エヌコロとは「ホンダＮ３６０」。旧車好きにはたまらないクルマ。

氏の作品の中で最も好きなのが『このおとだれだ』（童心社、２００６年）。出てくるクルマは５台。旧フォルクスワーゲン・ビートル（ブルツくん）、旧ミニクーパー（ブンブン）、旧フィアット５００（プルプルくん）、Ｃ１型初代シボレー・コルベット１９５６年式（マイクにいさん）、フェラーリ２７５ＧＴＢ（ラリーさん）。

ビートルはリアゲートなどの形状から１９５０年代後半から60年代中頃の６Ｖタイプかと思われる。

ミニはフロントドアがスライディングウィンドウで、フロントグリルの形状から、1967年に発表されたオースチン・ミニクーパー・マークⅡと思われるが、フロンドドアのヒンジが表面に見えないので正確な年式はわからない。
まぁ、そんな薀蓄《うんちく》っぽい話はどうでもいいこと。要は、氏の描く絵はそういうディテールを見るのも楽しい「大人の絵本」なのである。
旧ビートルは「ババババババ バォーッ」
旧ミニクーパーは「ブンブン ブルルン ブルブル ブルゥーッ」
旧フィアット500は「プルプル プォーン」
コルベットは「ドルンドルン ドルルルー」
フェラーリは「フォンフォン クォオーン」
と、エキゾーストノートが文字になった絵本は珍しい。
水冷4気筒のビートル、空冷2気筒の旧フィアット500、水冷V12気筒のフェラーリと、その音の違いまで、子どもたちを魅了する。
私がこの本を手にして読み聞かせをしたら、間違いなく、読み聞かせのプロにレッドカードを突きつけられるだろう。「感情が入り過ぎ!」と(笑)。

Susan Steggallの『ON THE ROAD』(Frances Lincoln Children's Books, 2006)は、コラージュによる絵本である。

著者をスーザン・ステゴールと日本語表記しなかったのは洋書であるという意味。氏の作品は、ほるぷ出版から2013年に『ショベルカーがやってきた!』(青山南/訳)が出版されているが、その他の作品は日本では翻訳されていないようである。働くクルマ好きにはたまらない住宅建設現場の様子が描かれた楽しい作品である。

著者は小学校教諭を経て絵本作家になり、コラージュの手法でクルマや電車や船など、乗り物をモチーフに作品を多数発表している。

『ON THE ROAD』は、まさに「路上」がテーマ。カーブ、工事中の道路、坂道、交差点、沿岸道路、郊外など。いろんなクルマがデフォルメされてはいるが、実車のイメージはしっかりと描かれている。最初から最後まで出ずっぱりの主役のクルマは、赤いボディに白のルーフの旧ミニ。年式は判別できない。

ポルシェ911、フォルクスワーゲン・タイプ2(ワーゲンバス、デリバリーバンと日本では言われる車種)、シトロエン2CV、プジョー308、シボレーのピックアップ、ボルボやサーブ(車種は特定できず)など、クルマ好きな子どもとメーカーの当てっこをしながら読んだら楽しいだろうな、と思う一冊である。

ちなみに、意外なクルマが何気に描かれている。それは日産の初代テラノ。このクルマが描かれた絵本なんて他にあるのだろうか。日本人として素直に嬉しい。

ちなみに、「乗用車」と「トラック・バス」を比べたら、欧州諸国は圧倒的に乗用車の方が多い（ドイツ13・9倍、イギリス7・3倍、フランス4・8倍、日本3・6倍）のであるが、アメリカは、トラック・バスの方が乗用車よりも多い。よって、トラックやバスが描かれた絵本が日本に比べ多いように思う（1）。

クルマ絵本に描かれた車種を分析する研究も面白そうである（既にやっている人がいたら不勉強ですみません）。


さて、シトロエンを描いた今村幸治郎や、旧車を扱ったこもりまことの作品、コラージュで描いた外国の作品を紹介したが、次は大半の図書館にあると言っても過言ではない作品を紹介する。

こちらの主役はクラシックカー。1922年に発表された黄色のシトロエン5CVタイプC3である。作品は、ピエール・プロブスト／作、やましたはるお／訳『カロリーヌのじど

世界各国の四輪車保有台数（2013 年末現在）　　　単位：台

国	乗用車	トラック・バス	計
ドイツ	43,851,230	3,163,469	47,014,699
イタリア	36,963,000	4,867,000	41,830,000
フランス	31,650,000	6,550,000	38,200,000
イギリス	31,917,885	4,364,718	36,282,603
スペイン	22,024,538	5,130,000	27,154,538
オランダ	8,153,897	1,052,698	9,206,595
ベルギー	543,295	858,762	6,298,057
オーストリア	4,641,308	434,331	5,075,639
スウェーデン	4,502,320	580,134	5,082,454
ポーランド	19,389,000	3,345,000	22,734,000
スイス	4,320,885	431,512	4,752,397
トルコ	9,283,923	4,330,733	13,614,656
ロシア	39,320,000	7,900,000	47,220,000
アメリカ	120,213,973	132,500,723	252,714,696
カナダ	21,261,660	1,072,134	22,333,794
メキシコ	24,286,354	10,093,201	34,379,555
アルゼンチン	9,452,000	30,41,000	12,493,000
ブラジル	31,339,000	8,356,000	39,695,000
日本	60,035,297	16,583,769	76,619,066
中国	55,930,000	63,580,000	119,510,000
韓国	15,078,344	4,322,520	19400,864
インド	21,551,000	10,948,000	32,499,000
タイ	7,109,000	6,813,000	13,922,000
インドネシア	11,484,514	7,901,803	19,386,317
オーストラリア	13,000,021	3,381,742	16,381,763
南アフリカ	6,376,733	2,922,634	9,299,367
その他	137,684,460	42,534,217	180,218,677
世界合計	796,259,637	357,059,100	1,153,318,737

うしゃレース』（BL出版、1999年）である。

「カロリーヌとゆかいな8ひき」シリーズの一作品で、クルマはかなりリアルに描かれ、シトロエンのエンブレム「ドゥブル・シュヴロン」がしっかりとわかる。物語は現代なので、レースに参加したクルマ以外は、現代のクルマであるが、明らかに実車がわかるのはルノー5やシトロエンGSA（フューエルリッドの場所が少し違うので私の間違いかもしれない）など。舞台はフランス。さすがにお馴染みの旧ミニとフォルクスワーゲン・タイプ1は出てこない。

最後に紹介するのは、最近はめっきり公道で見かけなくなった日産フィガロが主役の本。とは言っても、若干（でもないか）フィガロでもない点も認められるが、やはりフィガロのオーナーなら喜びそうなので、一応フィガロとしたい（この辺はムキになっても大人げない）。

作品は、間瀬なおかた作・絵『ドライブにいこう』（ひさかたチャイルド、2004年）。実車のフィガロは1991年2月、2万台限定で発売され、抽選でオーナーの元に届けられた車。実を言うと、当時、私も購入を真剣に考えた1台である。ただし、白を基調とした内装が気になり（汚れが目立つ）、申込み直前で止めた思い出の車である。造りは仕掛け絵本で、日産のキューブやマーチ、トヨタのヴィッツ、旧フィアット500、さらに、膝を叩いてしまったのは、アウトビアンキA112アバルトがひょっこり出てくるのである。しかもボディカラーは白。私が20代後半に乗っていた愛車と同色なのである。このクルマを描くなんて、著者は相当なエンスージアストではないか。

この本に描かれるクルマは主役と言うよりも脇役。主役は郊外の景色。各頁に日本の風景がのどかに広がり、タイトルどおりドライブ気分に浸れる。

高速道路よりも一般道を運転するのが好きな私にとって、和みの一冊でもある。

クルマ絵本をコレクションしているとはいえ、いったいどれだけ世に出回っているのか正確なところはわからない。絵本に造詣の深い知人に尋ねても、答えは出なかった。

ネットで、同好の士の情報から得られるものもあるが、満足できるものにはまだ出会えていない。これからも焦らずのんびりとコレクションを楽しむといったものである。

クルマの広告の本

こちらは、新刊点数が極めて少ないので、過去の出版物を図書館で見かけたり、偶然、インターネットで出版情報を入手したりした時に、高額なものでなければ古書を購入している。コレクションとして意識し始めてまだ10年余で、点数としてもまだまだ僅かなものであるが、見つけたら「ここで会ったが100年目」、買わずにはいられない。

先述したように、新聞に載った自動車メーカーの広告一つとっても貴重な歴史資料である。本として編まれたと言っても漏れなく記録されているわけではない。自動車産業の大きさ、さらに広告産業も決して小さな産業ではない。広告という、その時代の表現技術が詰まった多くの作品が歴史から消えてしまっていいのか、とは常々思うところである。

一口に広告関連本と言っても幅は広い。一番多く出されているのが雑誌広告である。新聞広告、屋外広告に至っては国内では僅少であると思う（コンプリートに出版情報を把握していないので推察の域を出ない）。専門図書館に照会しても、自動車広告を扱った内外の書籍に関する正確な情報は把握していない、とのことであった。

同好の士であれば、紹介するまでもなく承知の資料であろうが、本書を読まれて自動車広告に関心を持たれた方や図書館員がいるかもしれないので、資料価値の高い本を挙げてみる。単にお薦めとか、ベスト○冊という意味は包含していない。著者、出版社、内容等のバランスを考慮して挙げたに過ぎない（そもそも巷間で見聞する、お薦めの○○冊という紹介方法は性に合わない）。

なお、英語は多少読めるものの、他の外国語は全く読めない。そのため、フランス、ドイツ、イタリアといった自動車文化の発達した諸国の資料は挙げていないのでご容赦願いたい。

『アメリカン・カー・グラフィティ』生田保年／編、実業之日本社、１９８６年

著者はアメリカの雑誌広告等について造詣が深く多くの著作を持つ。この本はイギリスのChronicle Booksから、１９８８年に英語版『American Automobile: Advertising from the Antique and Classic Eras』としても出版された。

副題に「古き佳き時代のクルマたち」とあるように、まさに１９０２年から１９３６年の想像を超えた国家としての豊かさが（細かなことは別にして）自動車広告から伝わってくる。

日本でのマイカーブームの始まりは１９６６年。そのずっとずっと前にクルマが市民生活の中に根づいていたことに驚くしかない。

巻末の１８９３年から１９３９年のアメリカ・モータリゼーション年表も簡潔にまとめられているのでレファレンス用に役に立つ。まさに図書館に一冊！の本である。

著者同様、アメリカの雑誌広告や文化に通暁する片岡義男の「オン・ザ・ロード」の文章も素晴らしい。

こんな一文がある。

「アメリカは自動車がつくったとか、国ぜんたいにはりめぐらされたハイウェイ網はアメリカにとって神経経路のようなものだとか、アメリカと自動車の切っても切れない関係がいろんなふうに言われているが、とにかくあの広いところで自動車がなければどうすることも出来ないから、自動車の国アメリカは、なるべくしてそうなったという必然性を歴史として持っている。」

これだけで、どうしてアメリカでクルマが必要なのかがわかる。

本著に編まれた１２０点の広告は全てイラストレーション。美術書としても十分に楽しめる。

『クルマの広告』西尾忠久、ロングセラーズ、2008年

4章で紹介した『フォルクスワーゲンの広告キャンペーン』、『企画のお手本―VWビートルによる発想トレーニング副読本』の同線上にある本で、フォルクスワーゲンの広告を語らせたら、著者の右に出る者はなし、と唸らせる一冊。

副題が「大人のための絵本」とある。氏は冒頭で、このタイトルにしたかった、と本音を吐露する。でも、これでは何の本なのかわからない、というわけで『クルマの広告』となった。でも、惜しい気がする。『クルマの広告』だと、どうしてもクルマ好きに限定されるし、クルマ好きが必ずしも広告好きとは限らない。いや、その確率は極めて低いと思う。

卑近な話で恐縮であるが、既刊の拙著を読まれた方から「「図書館」という文字が書名にあることで損をしているように思う」とよく言われる。「図書館」という文字が却って読者層を限定してしまっているのではないか、ということらしい。でも、「図書館」が書名にあることで、全国の図書館が蔵書として購入してくれているのも確か。痛し痒し、である。

本書はクルマ好きに限らず、図書館員を始めとする自治体関係者にも是非手にとってほし

い本である。何が得られるか、それは「伝える技術」である。

役所の仕事はいくらPRしてもなかなか納税者に伝わらない、というのが悩み。そもそも伝え方が下手であることに気づいていない人も少なくない。その種の悩みを解決するノウハウ本を読むより、この一冊の方が遥かに役に立つ。

もしも、読んでも何も感じないようならば、処置なし。感性の問題と諦めてほしい。


『広告「右説・左説」かくも雄弁なクルマたち』梶祐輔、二玄社、1988年

クルマの本には、児童書だろうが一般書だろうが、フォルクスワーゲン・タイプ1（ビートル）がやたら出てくる。この本の表紙にはビートルのフロントビューが、裏表紙にリアビューがインパクトを持って使われている。表紙には真っ赤なフェラーリが〝脇役〟に1台、サイドビューの半分を見せている。

別に何かを解説する必要はないのだが、やはり「雄弁」なのはビートルなのか、悦に入っているのはほかでもない。そのビートルが何と私が乗っていた1303Sであり、かつボディカラーが全く同じグリーンとあっては、嬉しさは隠せない。

本書は『NAVI』（二玄社から1984年から2010年まで発行された月刊の自動車雑誌）の創刊号から1988年3月号まで4年にわたり連載された「広告・右説・左説」というコラムからの抜粋と、新たに書き加えてまとめられたもの。『NAVI』は時折買っていた雑誌で、氏のコラムをはじめ、とてもワクワクしながら頁をめくっていた思い出がある。

本誌の「あとがき」で、氏は田中康夫の表現を借りて、いかに『NAVI』が広くクルマ好きに受け入れられていたかを紹介している。

「街で僕が出合う男性の実に多くがNAVIを読んでいる」

そうなのである。高校生（しかも田舎の）の頃、『メンズクラブ』を小脇に抱えるも、メンクラを読むには到底相応しくない自分の格好を卑下するのと似て、実際に乗っているクルマが何であれ、この雑誌を読んでいれば、クルマ好きとして認められるような気がしたのである。

雑誌広告に限らず、テレビのCMも取り上げ、切り口は縦横無尽。とにかく面白い本である。判型はA4変型のマガジンサイズ。ビジュアル的にも楽しめるが、読み物としても十二分に楽しめる。

雑誌の連載記事は、その記事が読みたくて購入する人も少なくないと思う。しかし、珠玉の文章が単行本となるかといえばそう多くはない。氏の連載がこうして一冊の本となり、クルマ文化が日本でも市場を形成しつつあることを喜ばずにいられないのである。

『Advertising BRITISH CARS of The 50s』Heon Stevenson, Magna Books, 1995年

イギリスと言えば、自動車文化が根づいた国というイメージを抱く。そもそも自動車の起源は、フランスでの蒸気三輪自動車の発明である。ガソリンを燃料に走行する自動車を発明したのはオーストラリアで、エンジンについて最初の特許を取得したのはカール・フリードリヒ・ベンツ。黎明期の自動車の歴史を語る上で、イギリスについて特記すべきことは、蒸気機関による乗合自動車を実用化したことが挙げられる。とにかく欧米先進諸国で自動車の開発が競い合われた。

でも、今でも世界に冠たる高級車として揺るがない地位にあるのは「ロールスロイス」であることに異論はないだろう。

高級車としてのブランド力を世界に誇る「ジャガー」（「ジャグアー」とか「ジャギュア」と表記する人もいる）。

設立から１００余年、現在も変わらず木製フレームを採用し続ける（一部は金属）、少量生産のスポーツカーの「モーガン」。

50年以上も基本構造が変わらない「セブン」シリーズを生産する「ケーターハム」。

ライトウェイト・スポーツカーの老舗「ロータス」など、挙げたら枚挙に暇がないくらいイギリスのクルマは個性豊かである。

世界各国との技術開発の遅れや、販売不振等により、一時は当時の主要自動車メーカーの10ブランドを包含していた自動車会社が国有化されるなどの歴史を経るが、依然としてイギリス車は唯我独尊のプライドを持つクルマが多い。

オースチン・アレグロをベースにしたバンデン・プラ・プリンセス１５００（ＡＤＯ６７）は、どちらかというとブサイク顔と揶揄されるデザインであるが、一時、本気で購入を考えたイギリス車である。

１９５０年と時代を限定してのイギリス車は、同時代のテールフィンに代表される巨大なアメリカ車とは一線を画す。いかにもイギリスらしい高級車から大衆車、そして、ＭＧＡスポーツやトライアンフTR3といったオープンカーが誌面を飾る。

60年余が過ぎた今も、私はやっぱり「いつかはクラウン」ではなく、いつかは「ブリティッシュカー」なのである。

『AMERICAN CAR AD COLLECTION 1940-1965』成瀬淳、グリーンアロー出版社、1997年

1996年にアメリカは自動車誕生100周年を迎えた。本書で扱った時代のアメ車は、とにかく巨大で、華美（ド派手なクロームメッキなど）で、なかには訳のわからないデザイン（空を飛ぶつもり？）というのが私の印象である。

「大国アメリカのこの時代の広告は、世界一強い時代、金持ちだった時代の生き生きとした今日の日本ではどうかと思えるような誇大広告的な表現や、挑戦的な比較広告が堂々と並んでいる。自由な国が本当に自由に羽ばたいたという、断然豪快な気分に誘われてしまうのである。」と著者は「まえがき」で述べているように、ここにはエコロジー的発想は微塵も見られない。

いまでもアメ車は大きいが、当時のアメ車の大きさは、当時の日本車とくらべたら雲泥の差。ちなみに、１９６６年は日本において、日産が「サニー」を、トヨタが「カローラ」を発売開始したことからマイカー元年と言われる。

先行のサニーは１０００cc、後続のカローラは１１００cc。「プラス１００ccの余裕」とのコピーでカローラはサニーに宣戦布告した。一方、アメ車は７０００ccなんて排気量のクルマもあった。なんと日本車は可愛いことか。

『100 YEARS HARLEY-DAVIDSON ADVERTISING』, Jack Supple, Thomas C. Bolfert, Bulfinch, ２００３年

本書のテーマはクルマで、バイクは扱わないものであるが、広告の章ということで、お気に入りのバイクの本を一冊だけ紹介させてほしい。ハーレーダビッドソンの１００年を当社の広告で辿ったものである。

私は高校時代にバイクの免許は取ったものの、１２５ccのバイクを足代わりに使っていただけで、正直言ってバイクはほとんど関心がなかったし、今もない。ただし、ハーレーだけは別である。「イージー・ライダー」世代として、私にとってバイクというよりも、アメリカの文化を語るうえで欠かせない乗り物というか「存在」なのである。

ヨーロッパで主流のバイクのデザインとは一線を画しているし、独特の排気音を聞く度に「ヤンジー（やんちゃジジイ）宣言しようかな」とついつい悪い考えが脳裏をよぎるのである。

いかにもといったデコレーションもハーレーらしいが、私が乗るなら、ジーンズにTシャツ。スッピンのハーレーにまたがり、軽トラの後ろだってイライラせずにのんびりと走りたい。疾走するハーレーってイメージは私には全くない。

本書の中で一番お気に入りの広告がこれ。

ハーレーダビッドソンのエンブレムが大きくプリントされたTシャツを着た赤ちゃんが、ハーレーが描かれた白いシーツにお座りしている。コピーは「When Did It Start For You ?」。

やっぱり、アメリカだなぁ、って思わずにいられない。

『ポスターワンダーランド　カー・グラフィティ』講談社、1996年

欲しくても手に入らない自動車広告といえばポスターである。屋外広告は無理でも、A0

版（８４１㎜×１１８９㎜）位なら、いただけるものなら収集したい。しかし、ポスターはそうはいかない代物である。だから、大きくなればなるほど、記録されずに記憶の中で風化していきがちな広告と言えなくもない。

１８８８年から１９９５年までの世界中のクルマを中心に、バイク、自転車、自動車部品、さらには自動車ショーに至るまで、２００点余のいろんなポスターが紹介されている。これは類書が少ないだけに価値ある一冊である。

巻末には「ポスターの見られる日本及び世界の美術館」が紹介されている。作品リストにサイズの表記がないものがあるのが気になるが、この種の本が今後も刊行されることを心から願っている。

『Advertisement Parade Annual』Visual Publications Ltd.

本書の執筆時点では入手できないでいるが、出版される頃には入手できているかもしれない、という現状にある、欲しくてたまらない本である。

この本の「存在」を知ったのは東京の自動車図書館。アニュアルとは年鑑や年報の意味。

イギリスの出版社Visual Publications Ltd.が出版したもので、レジャー、タバコ、ホテル、フード、ファッション等、ジャンルごとに世界中の広告を編んだ作品である。

自動車図書館（東京都港区）で偶然見つけたのはクルマと関連商品を編んだ1977年版。約40ヵ国、1000点を超す広告集に圧倒された。ところが、自動車図書館には他の年次の所蔵はなく、調べたところ国会図書館にもなかった。

CiNii（サイニィ）（NII学術情報ナビゲータ）で調べると、国内では多摩美術大学の図書館に10点以上のクルマと関連商品を編んだアニュアルが所蔵されていることがわかった（執筆時点では大学図書館で現物の閲覧はしていない）。

図書館めぐりをしていると、こうして新しい資料に出会える。そして、それがどこにあるかを探し求める。これってまさにお宝探しの旅である。

（1）http://www.jama.or.jp/world/world/world_2t1.html

第4章　だから図書館めぐりはやめられない

番外編

2012年6月に『だから図書館めぐりはやめられない』を上梓した。図書館の本（017）なのか、エッセイ（914・6）なのか訳のわからない本にも拘わらず、初刷から3週間で2刷を発行するという望外のデビュー作となった。

しかし、もとより拙い文章であり、本当は図書館員だけでなく、図書館を知らない多くの人に届けたいメッセージも含んでいたのだが、勢いは直ぐに失速してしまった。

でも、見てくれている人はいるもので、樹村房という出版社から声をかけていただき、デビュー作のパート2となる『図書館はラビリンス』を同じ2012年の11月に出版することとなった。

その頃、もう一人、早々と私を見つけてくれた出版社の社長がいた（正確に言えば私の知人が拙著を紹介したことが端緒）。2012年7月に自社のホームページに『だから図書館めぐりはやめられない』を紹介してくれたのである。それは「麻布台の本棚」という毎月一冊、他社の本を紹介するコーナーで、「著者の図書館に対する熱い思いとともに、生き方そのものへの『こだわり』がたっぷりと伝わってくる」と拙著を評してくれた。

その出版社とは何を隠そう郵研社である。拙著を読まれてから3年半が経った頃、郵研社の社長から直々に、「図書館」と「内野さんのこだわり」を詰め込んだ軽い読み物を書いてほしいとの依頼があり、この本が生まれた。

ならば、きっかけとなった『だから図書館めぐりはやめられない』のような図書館と本をめぐるエッセイも入れなくてはと思い、パート3（番外編）を書いてみた。もちろん、大好きな図書館がテーマである。

『丸々一冊はたらくクルマ 空港車両編』ネコ・パブリッシング、2014年

拙著やフェイスブックで書いていることもあり、クルマ好きのイメージが斯界に浸透しているようである。初めて会った方から、自分は○○というクルマに乗っています（乗っていました）と、話しかけられることは珍しくない。なかには、研修会場で「フォルクスワーゲンのタイプ1に乗りたいのですが、維持するのは大変なのでしょうか」と尋ねてきた女性もいた。

また、自分は取り立ててクルマ好きではないが、マイカー名は伏せて（なんとなくわかる気がする）、配偶者や兄弟姉妹の乗っているマニアックなクルマを知らせてくる方もいる。

クルマの話題をきっかけに急に親しい関係に発展することもある。

先に断っておくが、これは図書館界の私が知り得た狭い範囲の話である。

図書館員が外車に乗る場合、どこの国のクルマを選ぶか。圧倒的にドイツ車のようである。しかも、ほとんどがフォルクスワーゲン。アウディも多少はいるが、メルセデス・ベンツとなるとさすがに少ない。超高級車のイメージの強いメーカーであるが、価格は幅があり、かつネオクラシック的な年式のものとなると、オーナーのイメージはお金持ちというものではなく生粋のクルマ好きという感じを抱く。

次がフランス車。プジョー、ルノーのオーナーは意外に多い（意外と言う表現はあまり深い意味はない）。さすがに、シトロエンとなると数人しか知らない。

イタリア車、イギリス車となると、メンテナンスの面から敬遠されるのか、フランス車より少ない。フィアット５００（現行車）が好き、という女性司書の声は度々聞くが、オーナーの女性には会ったことがない。図書館の職員駐車場に色とりどりのチンクエチェントが並んでいたら、どんなに楽しいだろう。

女性が多い司書の世界。やはり大きなクルマの多いアメ車は好まれないようである。ダッジ、コルベット、マスタングといった固有名詞を交わした女性はいまだかつて一人もいない。

アメリカといえば、世界で初めてオートマチック車を発売した国。１９４０年型のオールズモビルにオプションとして装備された「ハイドラマチック」が嚆矢《こうし》。世界有数のオートマチック車大国であるが、日本はそのアメリカを凌ぐほどのオートマチック好きの国民である。アメリカに比べ、渋滞や坂道が多いことなど、様々な理由があるだろうが、マニュアル車が9割以上を占めるフランスと比較すると、やはり日本人はマニュアル車が嫌いなようである。

しかし、なぜか私の知人の図書館員は女性も含め、マニュアル・トランスミッションのクルマに乗っている方が多い。私はいまだに頑固なＭＴ派。生涯に沢山のクルマに乗るのが夢なので、購入するのはいつも中古車（新車が買えないという理由もある）。しかも外車が多く、国産車でも販売台数の少ないレア車といわれるクルマばかり乗り継いできた。その上、外装色は、白、黒、シルバーといった日本人が好む定番カラーではなく、黄色や黄緑といった夕マ数の少ない暖色系好み。さらにマニュアルが条件。ここに走行距離、年式、価格といった諸条件を重ねていくと、どうなるか。中古車では希望のクルマが見つからない、となる。

そのため、クルマの売買は、業者に条件を示しての競りとならざるを得ない。競りとは言っても、大会場で声を張り上げるわけではない。クルマの競りは、パソコンの前に座り、業者専用サイトでバーチャルに売買が成立するのである。要は、実車を直接見ないで買うのである。オーナーとしては多少のリスクは覚悟の上。しかし、中古車販売店の通常の店頭価格よりかなり安く購入できるので、愛車のほとんどの売買を競りで行っている。勿論、私がやるのではない。業者に条件を示し代行してもらうのである。

20数台もクルマを乗り換えてきた理由の一つがこれである。買う時も安く買えるが、売る時も同様に高く売れる。大手買い取り業者の見積額が50万円であっても、競りで、その倍近い価格で売れることだってある。勿論、売買がなかなか成立しないときもある。一般的には買取価格の安い不人気色でも、逆にその色が出るのを待っている業者（客）がいれば、人気色よりも高額で売買が成立するのである。要は私のようなレア色好みが少なからずいるのである。

先述したようにアメリカと並び、世界有数のオートマチック車好きの日本。国産乗用車の新車の9割以上がオートマチック車と言われる。となると、マニュアル車は人気がないということで、中古車になると比較的安く買えるのである。

また、本国ではマニュアル車がラインナップされているのに、日本への輸出車にはオートマチック車のみといった輸入車が増えてきている。決して強がりではなく「マニュアル車があれば買ったのになぁ」という台詞は、このところ訪ねた輸入車ディーラーで頻繁に口をついて出る。この先、マニュアル好きはどうなるのであろうか。

さて、こうしてクルマ好きということが知れ渡ると、講演先にクルマで伺うと、早速「先生、クルマはどちらに停められましたか」と、興味津々で迎えるスタッフがたまにいる。こういう人はだいたいクルマ好き。会った瞬間に親しい関係が成立することもある。これは嬉しい出会いである。

ホンダＣＲ－Ｘデルソルという、ややマニアックなクルマを私が所有していたことを知っている図書館員から、「私は今でも乗っています」と、講演で訪ねた尼崎で声を掛けられたことがあった。バックするのに涙が出そうになる（後方の視界が狭くて見えない）ほど、取り回しに苦労するこのクルマを女性が駆っているというのは非常に珍しいこと。この会話だけで、この方はしっかりインプットされた。私の場合、クルマの話は名刺以上に印象に残る「はじめまして」の挨拶なのである。

シトロエンＤＳ３という、これまた国内ではたまにしか見ることのない外車を駆る元図書館員の女性もいる。この女性が講演依頼で私に初めてメールしてきたときに（当時は図書館員）、この事実（オーナーであること）を追伸に書いてきた。講師依頼のメールに愛車のことを書いてくること自体極めて稀なことであるが、私の場合、これはとても嬉しいこと。依頼者に会う楽しみが膨らむことは言うまでもない。訪ねた先の仙台では当然、クルマ話になる。聞けば、ご主人はアルファロメオのオーナー。ついでにご主人も紹介いただく展開になった。これがまた絵に描いたようなアルファロメオがぴったりの容貌。オシャレなカップルであった。

「よくクルマを取り換えるね」と言われる。特に低年式の中古車を買えば、故障はもれなく付いてくる「グリコのおまけ」。しかも外車となるとなおさらである。

「ドアが外れて落ちたことはありませんか」「パワーウィンドーの開閉がダメになったことはありませんか」「冬でも一発でエンジンがかかりますか」等、同じ車種に乗っているオーナーから、同病相憐れむ言葉をよくかけてもらう。国産車にはめったに見られない、この互いの病状を確認し合うのが輸入車オーナーにとって何よりも楽しみ。お互いに我慢を重ね、散財もいとわず、それでも手放さない楽しい「生活苦」は、何物にも代えがたい交流をも生むのである。

高速道路で、自分が運転する同じ輸入車に同方向の車線で出会うことがある。レアなクルマだと、ここで会ったが100年目の狂喜乱舞。相手も同じ思い（と思う）でいるのか、しばらく前後になって走ることがある。これが嬉しいのである。お互い予定のあるドライブ。早々に別れることにはなるが、ハザードランプを点滅させて小粋に別れるときはドリカムの

「未来予想図」の世界。この経験はマニアックなクルマでないと味わえないものである。

「半年もノントラブルが続くと不安になるのですよ。そろそろ来るかもって」

この感覚はオーナーにならないとわからない。トラブルが発生すると妙に嬉しかったりするのである。

2台続けて乗ったBMWミニクーパーには相当悩まされた。高速道路走行中、しかも速度規制のかかった暴風雨の日。よりによって、こんな日にワイパーが動かなくなったらどうします？ 後続車からは激しいクラクションやパッシングの嵐。命からがら急場をしのいだ経験をさせてくれたのが1台目。

エンジンを切っても冷却ファンが止まらず、そのため、エンジンを切るたびにバッテリーコードを外しての停車を繰り返す日々。スーパーの駐車場で、知り合いに出会わないことをひたすら祈って外出した日々を送らせてくれたのが2台目。

あくまで一例。ちなみにこの症状は軽い方。「だから外車はやめられない」のである。

司書は女性が多いので、図書館員に意外と知られていないのが、ネコ・パブリッシングという出版社。クルマ・バイク等の乗り物好き、模型等のホビー好きに知らない人はいない出版社の一つ。

クルマの本は、児童書でも多数出版はされているが、「マニアックな子ども」向けには限界がある。そこで、このネコ・パブリッシングが出している「はたらくクルマ」シリーズはおススメ。空港車両、クレーン車、トラック、タクシー、建機など、かつてトミカファンだったお父さんなら小躍りしそうな本。ところが、『丸々一冊はたらくクルマ 空港車両編』なるマニア垂涎の本が、図書館にほとんど入っていないのが現状。どうして選書から漏れてしまうのか。私は不思議でならない。

2015年9月、羽田空港の出発ロビーで、「空港ではたらく車」のポスターの前で立ち止まって動こうともしない男の子がいた。ベルトローダー車、トーイングトラクター、ハイリフトローダーといった特殊車両は、働くクルマ好きの子どもならずとも、大人だって見入ってしまうポスターだった。このポスターは絶対に図書館に欲しい！と思った。

たかがクルマ、されどクルマ。クルマ好きの司書は、その知識を選書に活かしてほしいものである。

武田隆『シトロエンの一世紀』グランプリ出版、２０１３年

これまで何度も恋をした。ＧＳＡ、２ＣＶ、ＳＭ、ＢＸ、ＸＭ、Ｃ３プルリエル、Ｃ４クーペ。そして永遠のＤＳ。

この本を読んでいるクルマ好きでも、シトロエン好きでなければ全く意味不明だろう。いったい何に恋をしたのか。

「シトロエン」がフランスのクルマのメーカーであることはおわかりであると思う。先に並べた記号らしきものは車種名。要はトヨタならば「プリウス」、ホンダならば「フィット」と思ってほしい。

これまで20数台のクルマを乗り継いできたが、全てが成就した恋ではない。泣く泣く諦めた〝彼女〟もいる。いや、少なくないといった方が正しい。クルマを買うとなると必ず複数のクルマが候補車となる。これは多くの方に共通することであると思う。実車を見たり、試乗したりして、予算とにらめっこして契約となる。

独身の頃はクルマを買うために働いていたようなものだった。現代の若者には冷笑されそうだが、当時はみんなそうだった（どんな時代も例外者はいるが）。カッコいい、速い、そして高価なクルマに憧れたものである。なかには、逆にカッコ悪い、遅い、タマ数の少ないクルマに憧れる輩もいる。好みは人それぞれ。でも、共通しているのはクルマへの偏愛である。

お金に不自由しない身であれば、クルマ選びに逡巡《しゅんじゅん》せずに思いは成就するだろう。しかし、お金がないと、なかなか恋は成就しない。実車との蜜月の生活が無理と諦念するに至れば、叶わぬ恋はミニカーやカタログや本のコレクションとなるのが偏愛の行方。よって、大半の偏愛者は見てくれは普通。おとなしくカローラやデミオに乗っている人も少なくない。少しは偏愛ぶりが表面に出て、小さな外車を駆っている人もいるが、思いはここ（このクルマ）に在らず、といったオーナーなのである。

信号待ちで横に並んだ憧れのクルマをチラ見して、隣の憧れの車のステアリングを握っているドライバーが、いかにも親にクルマを買ってもらいました感がアリアリだと、「お前より俺の方がずっとずっと、そのクルマについては詳しいのだ、バカヤロー」と、独りごちるのである。

逆に、白髪の男性がヴィンテージのオープンカーを駆る姿を見ると、それだけで無条件に畏敬の念を抱く。オープンカーのオーナーが、果たしていい人生を送ってきたかどうかは知る由もないが、単純に、そうに違いない、と思わせるのもクルマなのである。

一部の車種を除いて、決して高級車ではないのに、そのメーカーのクルマに乗っているというだけで、よほどのクルマ好き、さらに変わり者と烙印を押されるのが、シトロエンというクルマである（確たる根拠はない）。

ところが私の場合、クルマが恋人となって39年。一度もシトロエンとの恋は成就しなかった。恋の数だけ増えたのはミニカーだけである。

カタログを請求し、中古車を見に行き、新車ディーラーで見積書をもらい、中古車業者に頼んで競りで何度もバトルもした。しかし、いつも他の意中のクルマに軍配が挙がった。

フォルクスワーゲン、アウトビアンキ、ボルボ、ミニなどに、シトロエンはことごとく敗れた。敗因は「メンテナンスが大変そう」ってことに尽きるかもしれない。ドイツ車もイタリア車もスウェーデン車もよく壊れた。他の輸入車も国産車では考えられないトラブルに手を焼いた。どうせ壊れる。ならば、GSも2CVも「あり」だったのだ。でも、なぜかシトロエンのステアリングを握れぬまま時は過ぎてしまった。

近所に小粋に2CVを駆る、私より若干年下のオーナーがいる。新車で購入したチャールストンは20年余以上になるはずである。全塗装や幌の張替えをしながら、溺愛されている様子がクルマを見かけるたびよくわかる。

2CVのオーナーが経営する長野県原村のペンションに泊まりに行ったこともある。オーナーと2CVの話をたっぷり楽しんだ。

シトロエンしか描かないイラストレーター、今村幸治郎氏の自宅を訪ねたこともある。思いが叶い塩尻市で図書館主催のイベントとして個展を開催することもできた。ちなみに塩尻市立図書館の利用者カードは今村氏の描き下ろし作品である。

一番持っているミニカーはシトロエンである。

一番持っているクルマの本もシトロエンである。

シトロエンが表紙に載っている本はつい買ってしまう。

シトロエンが撮りたくてフランスに一人で出かけた。DSもCXも2CVも元気に走っている姿を目に焼き付けた。

フランスで買った2CVの鉄製のキーホルダーは、30年以上も主役のバッグを変えながら脇役として健在である。

「シトロエン」という文字に、何にも増して敏感に反応するのはいまだに変わらない。

フレンチブルーミーティングに参加するためにやってきたDSやCXが車山高原を走る雄姿は忘れられない。

Hバン（タイプ アッシュ）を見ると、なぜかオーナーと話したくなる。オーナーはとてもいい人なのだ、と確信してしまう自分がいる。

書斎には、２CVだけが１００台以上描かれた１９９３年のフィンランドでのインターナショナル・ミーティング・オブ２CVフレンズを描いた今村幸治郎のポスターが飾ってある。

拙著『だから図書館めぐりはやめられない』のカバーデザインにはシトロエン２CVを図書館スタッフに描いてもらった。図書館関係者が上梓した本で本書を含め、２CVが描かれているのは世界でも稀である。

シトロエンを本格的に意識し始めたのは、自動車運転免許証を取得して早々だった。ただ、新車として、価格から考えて現実的に入手できそうなのは２CVかGSかGSAくらいだった。

当時、２CVも面白いとは思っていたが、装備面で割高感が否めなかった。唯一、GSはかなり本気で考えた１台だった。DSやCXのように、いかにもシトロエンらしい唯一無二の強烈な存在感を主張するわけではない。クルマに詳しくない人が見たら外車にすら見えないかもしれない（もっとも、詳しくない人は何を見ても判別がつかないが）。「トヨタ？」「日産？」と聞かれても不思議ではない外観の個性のなさ（好きな人にはこれが個性的に映る）。当時はそれでも流線型のファストバックとしてPRされてはいたが、あくまで、高級車CXと廉価版2CVの間にあって、これ以上の個性を持つことは所詮無理であった気がする。

カッコいいデザインでもなく、スピードが出るわけでもない。しかし、何となく気になって仕方がなかったのである。鹿嶋のような田舎ではシトロエンをまず見かけることはない。そんな見栄もあったことは確かである。しかし、サスペンション、ステアリングなどのクルマの根幹をなす機関をオイルに制御させるというハイドロニューマチックというシステムに二の足を踏んでしまった。

世界の主要自動車メーカーも取り組んでいた技術らしいが、実用化には至っていなかった。シトロエンといえば、「創造と革新」を哲学に掲げるメーカー。マツダよりも先にロータリーエンジンの開発に取り組んだことでも知られる。

世界で最初に前輪駆動車の量産化に臨んだのはシトロエンである。また、ハイドロニューマチックの技術は、シトロエン唯一の技術ではないが、魔法の絨毯と言わしめたシトロエンの代名詞でもある。

しかし、機械に弱く、しかも金のない田舎の地方公務員には、憧れのＤＳは到底手が出せる代物ではなかった。「たられば」ほど、つまらない話はないが、あえてＤＳは無理でもＧＳに乗っていたら、その後のクルマ人生は絶対に違っていた、と確信している。寄ってくる人が変われば人生も変わる。シトロエンはそんなクルマだと思う。

28歳の時に初めて海外旅行に行った。よくあるパッケージツアーである。いわれるまま団体行動し、慌ただしい日程で観光地を移動する（させられる）典型的なツアー。それはパリ、ローマ、アテネの三都市をめぐるものであった。この初訪欧の時にパリの街角のいたるところで、元気に走っているＤＳや２ＣＶの姿に夢中になった。特にＤＳの存在感は圧倒的だった。石畳にＤＳが停まっているだけで、絵葉書のような写真が撮れた。このクルマが被写体になると、だれもがプロのような写真が撮れる不思議なクルマがＤＳなのである。

小さなクルマが多いパリにあって、フランス車の中では目立つ巨体（全長４・81ｍ、全幅１・８ｍ、全高１・47ｍ）。シトロエン以外にも採用しているメーカーはないわけではないが、特にＤＳは後輪のホイールアーチの空間がカバーで覆われている独特のスタイル。とにかく、その存在感は周囲の風景すら変えると言っても過言ではない。

いつしか旅の目的は観光地めぐりではなく、街歩きに変更。ルーブル美術館、パルテノン神殿、トレビの泉もほとんど眼中になし。高校2年の修学旅行で集団行動を抜け出して京都の学生街の喫茶店めぐりをしていたように、そのときの旅も一緒に参加した市役所の同僚と離れ、いつしか目的はフランス以外でもDSをはじめとするシトロエン探しに変わってしまっていた。

ちなみに、DSの発表は1955年10月、発売は1956年。私と「同年齢」である。1975年の生産終了まで20年間で、約145万台が生産され、1999年には「20世紀の名車ランキング」であるカー・オブ・ザ・センチュリーで、フォード・モデルT（アメリカ）、ミニ（イギリス）に次いで第3位に選ばれた世界の名車である。

700台のクルマのリストから26台に候補車が絞り込まれた時点で、製造元として3台ノミネートされていたのは、シトロエン1社（メルセデス・ベンツもフォルクスワーゲンも2台。日本車はなし）。DSと共に残った2台とは、2CVとトラクシオン・アバンであった。

さて、ここまで、意味もわからず付き合ったくれた読者の方、ほんとうにつまらない話で恐縮至極である。でも、これは決して私の、私にしか知らないマニアックなクルマの話なのではない。シトロエンという自動車メーカーのこと、2CVやDSといった記号めいた車名のことも、世界的には極めてポピュラーな話なのである。図書館員であれば、５３７（日本十進分類法の「自動車工学」）の棚をつくるときの基本的な知識である。

さて、ここまで惚れぬいたシトロエン。２０１５年にやっと我が家のガレージの主になった。クルマは赤のボディに白のルーフのＤＳ３。赤を選んだのは、一年後の還暦を意識しての選択。お気に入りは丸いお尻。私の運転するクルマの後ろをつるんで走った友人曰く「お尻が本当にかわいいいね」と評したように、ちょっとでっぷりしたお尻はセクシーである。

ＤＳのような奇抜なスタイリングでもなく、高級車でもない。でも、一応「ＤＳ」ラインの踏襲車である。シトロエンが標榜するクリエイティブ・テクノロジーを推進するクルマのミッションが体現されている。それは「伝統」「洗練」「大胆なコンセプト」「幻惑」の四つのキーワード。

この四つのキーワード。図書館づくりに求められる真面目さと遊び心のように思えてならないのだが。

渋川驍『書庫のキャレル』制作同人社、1997年

図書館員を対象にした講演でよく使うネタのひとつに、一冊の本を見せて、図書館の除籍の在り方を問いかけるものがある。

一冊の本とは、渋川驍の『書庫のキャレル』。副書名は「文学者と図書館」。版元は制作同人社、発売は星雲社である。出版に多少詳しい人であれば、これだけで、少部数の本であることがわかると思う。また、図書館員であれば、書名及び副書名から、図書館の選書方針に該当するものかもしれない、との関心がわく著書ではないだろうか。

著者はあらためて記すまでもないが、東京帝大図書館、国立国会図書館に勤務され、晩年は作家、評論家として珠玉の作品を世に送り出した人である。

経歴は全て承知している、と言う読者もいると思う。あえて基本的なことを書いたのは、ここまで「図書館」に深く関わっている人なのに、なぜか、図書館にこの本があまり所蔵されていないからである。私はこの本をネット書店で購入したのであるが、包装を解いて驚いた。なんと、公共図書館の除籍本だったからである。

除籍本が古書市場に出回っているのは承知しているので驚きはしない。しかし、この種の本は除籍の対象とはならないと思い込んでいたので、驚いたのである。

とはいえ、複本があれば仕方がないこととするか、と蔵書検索したところ、一冊も所蔵がないのである。佐藤優が２０１２年３月１日号の『週刊新潮』で「『図書館司書』は出版社、書店でご奉公」で指摘したことが、こうして起きてしまっているのである。

確かに除籍理由は様々ある。この一冊の本を例に挙げて大仰な話に飛躍させるのも如何かとは思う。しかし、所蔵している図書館が少ない本と知ったらどう思うか。県によっては、２館しか所蔵館がないところもあるくらい貴重な本である。

先述したように出版社名と取次会社を見れば、この本はそもそも中小の書店に並ぶ本ではない。仮に棚差しで店頭に並んでも、ほどなく返品の対象となるであろう。そういう意味では、著者の経歴からも図書館が買い支える内容の本である、と私は思う。ましてや、この本を所蔵した図書館が、どういう判断基準で除籍してしまったのかが理解できない。

当然ながら、私はこの本の元々の所蔵館名を明かしたりはしない。ただ、単なる話として聞き流されないよう、多少のインパクトを与えるために現物を持って、問題提起しているのである。

憶測にすぎないが、この本の利用（貸出）はほとんどないと思う。入手した除籍本も使用感がほとんどない美品だった。利用統計で、最近2年間で一度も貸出がなかった本のリストを抽出したら、挙がってきそうな本である。もしかして、そうして機械的に除籍対象としたならば、それはそれで問題である。もっとも、渋川驍の『書庫のキャレル』というタイトルに何の反応も示さない図書館員がいたら、それも寂しいものがある。

図書館に行って、何が安心するかと言えば、地方の書店ではまず見ることのできない図書館関係の本を総記の棚で見られることである。ところが、最近、この楽しみが無くなりつつある。それは、年間を通じてもたいした出版点数でもない図書館や出版関係の新刊書が公共図書館ですら揃っていないことである。私の個人蔵書の方が図書館より多いというのでは困るのである。

多くの図書館では、毎週送られて来る新刊情報誌で、図書館関係の新刊書の有無は確認しているはず。しかし、そうした新刊が蔵書に加えられない（加える必要がない？）という判断がされていることが理解できない。

極端に高価なものは仕方がない。しかし、地方の中小書店には並ばない本である。読者にこの本の存在を知らせるのは図書館しかないのではないか。

除籍以前に、選書の段階で網羅的にとは言わないが斯界の優れた著作が、選ばれないとなると、こういった類の本を買わない図書館の選書基準はいったいどうなっているのだろうか。しかし、この疑問を市民が抱くことは極めて稀である。疑問を抱くに足る情報を市民は得ていないからである。これを市民のニーズがない（利用する人がいない）、と片づけて良いのだろうか。

例えば、７万人のまちに図書館があったとする。このまちの図書館に勤務する職員は20人とする。正規の市職員は５人。他は嘱託職員と臨時職員が15人。全員で選書するにしてもたった20人しか、その仕事はできないのである。

図書館の現場を離れてつくづく感じること、それは図書館を使うことが出来ても、選書をすることはもうできないのだ、ということである。

「市民だってリクエストできますよ」というのは違う。図書館員は好きな本を選ぶのではない。図書館の選書方針に従い、なかには恒久的に保存する「まちの宝」も選ぶのである。単に貸出が多いと思うものを選ぶのでもない。

次世代の人が「この本を買っておいてくれてありがとう」という本を選書できるのは限られた図書館員でしかできないのである。

堀井憲一郎『ホリイ君のずんずん調査 かつて誰も調べなかった100の謎』文藝春秋、2013年

40歳で図書館に異動する前も、購読している新聞に載った自治体情報はこまめに切り取りファイリングするのは習慣になっていた。しかし、きちんと系統立てたファイリングができず、常に中途半端なものだった。この状態で図書館に異動。これまでとは比較にならないほど、切り取る範囲が膨れ上がった。

日曜日の読書面、コラム、社説、文化面、人物紹介、別刷りの特集面など、ときに新聞はズタズタに切り刻まれる。これをクリアケースや封筒に一旦入れて、後日、時間があるときにあらためて読み直す。そこで、保存資料とするか捨てるかを判断。切り取る量が増えたことで、いよいよ系統立てたファイリングができないと、にっちもさっちも行かなくなる。

保存資料と決めたものは、専用のノートに貼る。特に単身赴任で就いた塩尻は、地元の情報（歴史も含め）が全くわからない。そのため、地方紙に載った飲食店や趣味の店などの紹介記事などもこまめにファイリングした。

県内の図書館めぐりに合わせて、こうして集めた情報を基にお店を訪ね歩くこともあらたな楽しみとなった。キーワードは「カレー」「ジャズ」「本」「クルマ」「おもちゃ」等。ただし、ナビ嫌いの私。当時の愛車にはナビはなく、現地付近に着いてからの店探しが大変だった。「新聞（雑誌）でみました」と一声かければ、直ぐに店主と親しく話せたものである。

主なカテゴリーは、「Library」「塩尻市行政」「信州」「Culture」「Book」等。そのノートは5年間で数十冊にもなった。長野県は、地方紙・ブロック紙も充実しているが、『KURA』『NaO』『日和』等、地方誌やフリーペーパーも沢山あるので、情報収集にはこと欠かない。出版王国の面目躍如である。

図書館員が地域情報をこまめに集めるのはいわずもがな。集めた情報をただ並べただけでは能がない。情報が溢れすぎると、利用者は却って情報を見つけにくい。それを利用者にどうやって届けるか。わかりやすく魔法を施すのが図書館員の腕の見せ所である。この仕掛けや工夫を見つけるのも、図書館めぐりの楽しみの一つである。

特に郷土系はどこの図書館も力が入る。特に地元出身者ではない私のような者にとっては、図書館はまさに宝探しの場である。地元で生まれ地元で働いていると、利用者も地元のことを知っているのが当たり前、といった感覚に陥りがち。図書館に足を踏み入れてから5分で、そのまちの著名な出身者や特産物がわかるような工夫をしている図書館が全国にどれだけあるだろうか。

また、適当なランチの場所を図書館員に尋ねるのも楽しい。図書館員がいかに地域と密着しているかがわかる。

退職後はさすがに、図書館員だったころのような新聞記事の収集はしていなかったが、ラジオ番組のパーソナリティを始め、また各地で講演を依頼されるようになって一転。図書館員とは違うネタ探しが必要となった。

図書館員時代のクリッピングは、基本的にはレファレンス用であった。こんなことを尋ねられたらどうしよう的な「ディフェンス」もあるが、図書館員としての常識という側面もあった。

「ベストセラー作家の○○さんの新刊って、なんというタイトルでしたっけ」と尋ねられ、「ちょっとお待ちください。調べてみます」ではいただけない。瞬時に答えることで、利用者の信頼は得られるのである。たったこれだけで、と訝《いぶか》しがる人もいるだろうが、たったこれだけで、である。これが図書館員であることの怖いところなのである。でも、逆にワクワクするぐらい楽しくやり甲斐のある点でもある。毎日がクイズ番組の回答者のような気分で出勤していたといえるかもしれない。

では、今はどうか。集めた情報は「オフェンス」用に使う。講演や授業のマクラやアイスブレイクに使ったり、ラジオのトークネタに使ったりと、質問の答えではなく、私からの問いかけである。

となると、時事ネタよりもB級ネタ。2002年から2012年までフジテレビ系列で放送されていた『トリビアの泉～素晴らしきムダ知識～』で取り上げられるような「へぇ～」のネタ探しとなる。

このトリビアを集めようとすると、購読紙だけでもかなりの数となる。いかに知らないことが多いかを痛感する。

図書館の現職時代より、はるかに守備範囲は広くなった。購読紙を増やしたいのはやまやまであるが、増やしたら切り抜きに相当な時間を割くことになるので、あえて我慢している。

こうした日々を送る中、この本に出会ったときは快哉を叫んでしまった。1995年から2011年にかけ『週刊文春』に連載されていた「ホリイのずんずん調査」が基になって編まれたものであるが、なぜか連載中はあまり印象に残らなかった。購読誌ならば元を取るように隅々まで読むのであるが、本屋の立ち読みや理髪店の待ち時間で頁をめくるだけでは、さっと読むかスルーしてしまう。読んだにしても、たまたま関心のないネタだったために忘れてしまったのかもしれない。

腰巻の惹句「ネットで検索できない秘密がここにある」とは上手い。

「いきなり鰻の名店に行くとどれくらい待たされるのか」

「チョコボールを1021箱買ったら金のエンゼル1枚銀のエンゼル64枚」

「『シンデレラエクスプレス』で本当にキスしていたカップルは11組22人」

「新書だけを書いて印税生活が可能なのか試算してみる」

「柿ピーの黄金比率は柿6に対してピー4だった」

「時代劇の悪徳商人の屋号が『越後屋』だったのを見たことがない」

「ウルトラマンが地球に3分以上滞在していたころ」

いかがです、このラインナップ。勿論これは一部。これだけでも、誰かに話したくなるネタばかりである。

図書館のカウンターに小学生がやってきて、

「『柿の種』に入っているピーナッツと菓子の割合を教えてください」と尋ねられたらどうしますか。

「食べりゃわかるでしょ」とは答えられませんよね。

伊達雅彦『傷だらけの店長』新潮社、２０１３年

この本は、鳥取県立図書館から県内の図書館職員研修の講師を依頼された際、鳥取駅から少し離れたところにある定有堂で購入した。定有堂は地方で頑張っている書店として気になっており、以前から機会があったら一度訪ねたいと思っていた書店だった。

「頑張っている書店」と書いたが、「頑張っていない書店」ってあるのか、と詰問されそうだが、私の中で細かな定義があるわけではない。

「頑張っている図書館」はある。少しでも図書館を良くしようと頑張っている図書館員がいる図書館であり、その頑張りぶりが、館内のあちこちで散見できたとき、私は「頑張っている図書館」と評価する。よって、他館に比べ秀でていることが条件なのではない。図書館員の一生懸命さが目に見える形で来館者に伝わること。その努力や熱意が感じられればいいのである。

「頑張っている書店」も、図書館同様、店主や店員の「読者に本を届けたい」という思いが書架から感じられれば、私の中ではそれに該当することになる。残念ながら、郊外の幹線

沿いに立地する中規模の書店に、それを感じることができない書店が多くあることは否めない。取次会社の過去の販売データに基づいた書店へのパターン配本自体を否定するものではないが、そのデータ自体が、その書店を訪ねる利用者の嗜好とは限らない。いつ行っても求める本がなく、また、ワクワクするような新しい本との出会いがなければ、読者の足は次第に遠のく。となると、顧客データそのものが正確なニーズとは言えない。

地元の書店で買いたい、と思っている読者は沢山いる。大手書店や図書館で中身を見て、地元の書店に注文することを自分に課したルールとしている図書館員も少なくない。しかし、ネット書店ならば1〜2日以内に届く本が、書店経由だと1週間余かかるのはざらである。いや、本によっては2週間近くかかる場合もある。書店宛に発送しました、とのメール連絡はあっても、書店から入荷の連絡は一切なく（私の場合）、こちらから何度も入荷の有無の問い合わせをしなければならない。電話照会しても、電話に出たのが不慣れな店員さんだと埒が明かなく、嵩む携帯電話の通話料にイライラしたこともしばしばある。こんなことが重なると、読者の書店離れはますます加速していくと思う。

まちに書店は必要である。私の書斎には特注サイズの堅牢な本棚がある。鹿嶋市内の行きつけの書店が店舗をたたむ時にいただいたものである。「岩波の本は、良かったら好きなだけ持っていっていいよ」と、店主が声を掛けてくれた。さすがにそれは辞退した。岩波書店の本は書店の買い切り。だから返品できないのである。

そんなに沢山の本を買っていたわけではないが、意識して注文していたことは確か。市役所に勤務する職員として、地元の書店で本を買うのは当然のことと思っていた。勿論、血縁でもなんでもない。ただ、小さな店舗ながらも、書店主の矜持《きょうじ》がいつも本棚から伝わってきていた。言葉にはしなかったが、応援するつもりで本を買っていた。

こうして、親戚でもない友人でもない人が営む商店。その商店がまちから消えないよう応援する気持ちで買い物をする商品って本以外にあるのだろうか。消えてしまったら困るのだ、と思わざるを得ないのが書店なのである。

日本では本は再販価格維持制度によって、基本的にどこで購入しようと価格は同じである。安いからクルマを飛ばして郊外の店で購入すれば、ガソリン代を差し引いてもお釣りがくる、といったものではない。

日用雑貨と違い、どこで買っても同じ価格なら、馴染の書店で買いたいというより「買ってあげたい」という読者が大半なのではないかと思う。なかには直ぐに読みたいという本もある。地元の書店に注文したら何日かかるかわからない。仕方なく出先の書店で本を買う。

何も悪いことなどしていないのに、地元の店主の顔をつい思い浮かべてしまう。私があの書店で１０００円の本を買っていれば、２００円儲けさせることができたのになぁ、と。

塩尻時代からずっとお世話になっている書店がある。塩尻市内にある個人経営の書店で、品揃えが素晴らしいのでよく通っていた。

みんな書店が好きで、その書店がいつまでもまちにあってほしくて、わざわざそこで買っている読者がいることを、出版社・取次・書店には知ってほしいのである。

この『傷だらけの店長』は読むのが辛くなる本である。特に熱心な図書館員は書店の窮状に、自分の職場を投影して考えるかもしれない。「書店（員）」という主語を「図書館（員）」に置き換えて読むと、いろんなことを考えさせられる。近くに大型の競合店が出店したことで、次第に売り上げが落ち、閉店を余儀なくされた書店の店長が著者である。

本著の後半、閉店当日の描写が特に胸を打つ。閉店に合わせ事前に進めた返品作業の関係で、閉店当日の棚はフィナーレを飾るには相応しくない、歯抜け状態である。それでも、閉店を惜しむように、引きも切らず客がレジに並ぶ。なかには数冊の本を抱える客もいる。

「最後だから来たんだよ」

「閉店、残念ね。この店好きだったのに。これからどこで本を買えばいいの？」

「子どもの頃から来ていた店がなくなるのは悲しい」

こうした声が店長や店員に次々と届く。

書店に閉店セールはない。定価の９割引きと赤字で書いたプライスリーダーの貼り紙もない。それでもスカスカの棚の書店に客は列をなした。この閉店の日に、少なくともこの書店で本を買わなければならない理由はない。あるとすれば「買ってあげたい」という気持ちである。それが読者の書店への正直な心情である。それが見事に活写されていた。

県庁所在地とはいえ、地方都市の鳥取市。県庁通りに面した小さな書店の定有堂には、図書館と読書に関する棚がつくられていた。専門書の充実した大型書店の棚には見劣りするが、しっかりといいものが棚に並んでいた。店主に声を掛けたかったのであるが、忙しそうなので声を掛けそびれてしまった。

「とてもいい棚ですね」と喉まで出かかったのであるが、「あなた何者？」と思われそうで、黙ってこの本を買って店を後にした。店を出て十数歩歩いて気づいた。名前など名乗らず、率直に「頑張ってください」って言えばよかったのだ、と。

＊この作品は、２０１０年にＰＡＲＣＯ出版より刊行されたものであるが、私が購入したのが新潮社文庫版なので、手元にある本をタイトル表示とした。

久繁哲之介『商店街再生の罠』筑摩書房、２０１３年

図書館サービスのリソーセス（資源）は、言うまでもなく、人と資料と施設。これは従来から言われていることである。私がこのことを学生（司書科目履修者）に教える際、合わせて、図書館員として愛情を持って接してほしいものとして、次の三つの言葉を板書する。

一つ目は「本」。

二つ目は「人」。

そして、最後に「地域」と書く。

その日の授業のリアクションペーパーに書かれた感想は、どの学生もほとんど同じ。本は大好き。人はやや苦手。地域に出るのはさらに苦手とある。「地域に積極的に出られるよう頑張ります」と健気に書いてくる学生もいる。

学生は、図書館サービスが地域と密接な関係にあるという理解が乏しい。ただし、これは仕方がない。学生が利用する資料は、もっぱら小説や趣味関連の本。郷土資料のコーナーを覗いたこともない学生も少なくない、と思う。要は郷土へも関心が希薄といっても過言ではない。

また、司書資格取得を希望する学生であっても、図書館を頻繁に使っている学生はそれほど多くはない。ましてや、自宅通学の20歳前後の学生が、地域のコミュニティ活動に積極的に参加しているとは到底思えない。さらに、郷里を離れ一人暮らしの学生生活となれば、家庭用ゴミの搬出の関係で、町内会的な組織と関わらざるを得ない限り、地域との関係は極めて希薄であると思う。こうした日常生活の中で、図書館員になりたければ、「地域」を愛しなさい、と言われて戸惑うのも無理からぬことと思う。

では、現職の図書館員はどうだろうか。果たして地域に出ていると言えるのだろうか。残念ながら首肯できない。まず、都市部の図書館に勤めている人は、ほとんどが市外在住者である。田舎ならば、居住地と勤務地は同一自治体というのは少なくないが、諸事情から都市部はそうはいかない。となると、仕事を終え、図書館のあるまちの地元の商店街で買い物をするというパターンは極めて難しいかもしれない。

しかし、公共図書館は公共サービス機関である。経営に要する諸経費は税金。昔の商店街のコミュニティを形成していた相互扶助関係のようなものが、図書館と地元の商店街であっていいはずだと思うのである。

公開講座の受講者数の推移　　単位：万人

	1992年	2002年	2012年
大　学	51	89	118
カルチャーセンター	71	510	636

「なかなか図書館に来てくれない」とは、図書館員が嘆く常套句である。では、逆に地元の商店主から「地元の商店街を歩いていますか、買いものをしていただいてますでしょうか」と聞かれたら、図書館員はどれだけ「はい」と答えられるだろうか。

大学の地域貢献も同様のことが言える。近年、盛んに大学の地域貢献が叫ばれている。国も積極的に施策を講じている。大学も少子化の中、生き残りをかけた「営業活動」として必死に取り組んでいる。

知の財産を地域に開放する公開講座や、非常勤特別職として自治体の各種委員への積極的な就任、または地域住民に見える形での学生等によるコミュニティ活動など、大学ブランドの地域への浸透が積極的に行われている。

しかし、公開講座で言えば、上表のように伸び悩んでいるのが事実のようである（瀬沼克彰「岐路に立つ大学公開講座」『社会教育』№805、2013年）。

私は、大学図書館職員を主な対象にした研修会で、大学の地域貢献について講演をする機会がこれまで２回あった。そこで感じたのは、大学は地域に降りていこうとはしているものの、地域を知ろうとしていないのではないかという疑問である。地域に降りるということは、地域課題を聞き出すということにほかならない。要はニーズを聞き出す、抽出するという「広聴」の仕事があるはずである。こうした行為が不十分だと、受け手の期待に齟齬《そご》が生じてしまう。表のデータがその証左ではないだろうか。

また、企画者は地域貢献に取り組む際に、当該自治体の総合計画や、講演会の演題に関連した役所の個別計画を事前に読まれているのだろうか。

図書館法第三条の図書館奉仕の条文に「図書館は、図書館奉仕のため、土地の事情及び一般公衆の希望に沿い……」とある。土地の事情に通暁することは必要不可欠なことであり、そこから得られた情報を基に、図書館の一部の地域資料が形成されているとも言える。

東京都江戸川区立小松川図書館では、「地域を知り、地域へ出向き、地域に根付く―江戸川区立小松川図書館の挑戦―」というスローガンを掲げている。館長の言葉を借りれば、その目的は「挨拶と御用聞き」である、と。コミュニティを大切にする図書館の姿勢がうかがわれる言葉である。

地域再生プランナーの久繁哲之介は、『商店街再生の罠』で、「商店街を利用しない公務員」

として章を設け、「公務員が「安さ、便利さ」だけを消費の基準にして、全国チェーン店や職員食堂ばかり利用する行為は、モラルが欠如しています。」と厳しい指摘をしている。民間の愛社精神に倣い、公務員には「郷土愛」が必要との指摘は十分に頷ける。

普段、地元で見かけたことのない図書館員に対して、市民が図書館を訪ねた際、積極的に話しかけ、地域に関する情報を語りかけてくるだろうか。それは難しいことである。人間関係がある程度出来上がっていなければ、人間は容易に胸襟を開いたりはしない。

地域に関する情報は、図書館員自ら地域に出向き、足で稼がないとなかなか入手できるものではない。それは役所の庁内情報も同様である。自ら役所内を歩かずして、「役所の職員は図書館を利用しない」というのはおかしな話である。

しかし、図書館界に身を置いて20年。講演等でこの話を図書館員にすると、励行している人が少ないことを知る。

地域に出るとは、読み聞かせで幼稚園や学校に行く、ということではない。地域を歩くということである。歩くということは、行き交う人と挨拶や会釈をすることであり、時に立ち話をすることである。

そもそも、役所の職員は、どんな部署でも、地域を歩くことが前提としてあると言える。

歩くことは「知る」ことであり、「教えられる」ことでもある。また、時には「教える」こともある。歩くことは広報公聴そのものなのである。

図書館と同じ社会教育機関の公民館を例にとれば、公民館の事務室で市民を待っているだけでは仕事にならない。常に地域点検は必要である。

図書館も同様ではないだろうか。座して待つだけでは、潜在的利用者と容易にめぐり会うことはできない。まずは、身近な商店街を歩いてほしい。


鹿島茂『昭和怪優伝』中央公論新社、2013年

主演の俳優で映画を観るか、それとも脇を固める助演俳優で観るか、皆さんはどちらであろうか。私は基本的に洋画は前者で、邦画は後者の顔ぶれで決める。故人なら、川谷拓三、室田日出男、大滝秀治。現役なら、大地康雄、國村隼、村田雄浩、笹野高史など、その存在感ある演技、映画館に足を運ぶにふさわしい理由である。

また、特別出演として大物俳優がチョイ役で出るときの演技も見ものである。この場合は脇役とは言わないのかもしれないが、いつ出てくるのか、とワクワクしながら銀幕に見入っている。「あれ?」という場合もあれば、「納得」という場合もある。特殊メイクの映画となると、出演する意味があるのか、と感じることもなくはない。

特別出演とクレジットされずに超大物が出てくる場合もある。特に忘れられないのが「遥かなる山の呼び声」のハナ肇の演技。「虻田太郎」という難しいキャラクターを見事に演じた作品だった。ハイライトは、網走へと護送される田島耕作役を演じた高倉健を見送りに、ハナ肇と倍賞千恵子（高倉健の恋人役）が突然車両に現れ、通路を挟んで二人が交わす言葉を高倉健が目頭を押さえて聞くシーン。

ハナ「奥さん、どうもどうも、しばらくでしたぁ。あんた、牛飼い止めて、中標津のまちで働いているんだってねぇ。ちょっと聞いたんだけど、息子と二人で何年も先に帰ってくるだんな待ってんだって話。あれは本当かね。えらいねぇ。暮らしの方は心配ねえのけ」

倍賞「虻田さんがいろいろと」

ハナ「あぁ、あのばかが親切に面倒見てくれてるわけだ。そりゃ良かった、本当に良かった」

自分が虻田であることを他人のように振る舞うハナ肇が、落涙を悟られまいと、分厚い手袋をつけた手で顔を覆う。

このシーンには泣かされる。

愛する女性が出所を待っていることを、警察官に悟られないよう間接的に伝えるこの映画のハイライトシーンである。饒舌なハナ肇、寡黙な高倉健、健気な倍賞千恵子の３人の名優の演技は涙なくして観られない。

さて、図書館を構成する三要素と言えば、「資料」、「人（利用者・職員）」、「施設」である。図書館で言えばこれらは主役。主役がいれば脇役がいる。控えめに自己主張しつつも、主役を引き立てるのが脇役の仕事である。

図書館といえば、主役は資料と建物と図書館員。勿論、利用者である市民も主役である。では、脇役はなんだろう。

先ずは、サインである。

主役の本や雑誌、視聴覚資料を、利用者にわかりやすく知らせるか、また、誘導するか。この役者の仕事次第で、利用者は求める資料に出会えるわけである。いや、サイン次第で、利用者自体が気づいてもいなかった資料にめぐり会えるのである。例えば、熊本県菊陽町の書架を飾るディスプレーは、サインとしても秀逸であるが、個性を主張しにくい書架に性格を与え、さらにビジュアルな空間をつくるといった効果もある。（次頁写真）

また、サインは注意喚起や避難誘導なども演じなければならない。災害時の被害を最小限

熊本県菊陽町の書架を飾るディスプレー

に食い止めること、また、災害時の利用者への情報格差を解消するためにも、設備も含めて考慮されなければならない重要なものである。

私は、図書館めぐりで、このサインを見るのが大好き。図書館（員）の利用者への気配り度が見て取れるからである。

次は、図書館員の心づくしである。これは直接挨拶を交わせない利用者への図書館員からのメッセージのようなもの。例えば、洗面台にさり気なく置かれた一輪挿し。学習机に置かれた手作りの消しゴムのカス入れ。記載台の鉛筆の芯の長さと丸み。館内用のベビーカーにそっと置かれたぬいぐるみ。挙げたら切りがない。例えば、長野県松川村図書館には、ひざ掛けが用意されている。こうしたさりげない図書館員の心づくしがたまらなく嬉しいのである。

千葉県山武市の図書館では、利用者バックのデザインと、その活用方法がいかしている。それは、利用の度に升目のデザインの空いている箇所に色も形も違うスタンプが押されるというものである。図書館に行く前と帰りとではバッグの柄が変化しているという発想。粋なPRである。

最後は、やはり挨拶だろうか。そもそも挨拶は常識、脇役どころか主役だろう、と思う人もいるだろうが、挨拶のない図書館は意外と多い。挨拶もなく、会釈もない図書館にいると、居心地が悪いな、と早々に出て行きたくなる。

「いい図書館だなぁ」と感心して、挨拶だけして帰ろう、と名刺を出しても、カウンターで座ったまま名刺を受け取られたりすると「恋は冷める」。たったこれだけの行為で、である。笑顔や挨拶だけで図書館に利用者を呼び込むことは難しいが、その笑顔や挨拶がないだけで、利用者の足が遠のくことを忘れてはいけない。

図書館は利用者のものである。そのために、脇役もしっかりと主役を支えてほしいのである。

大谷能生『植草甚一の勉強』本の雑誌社、2012年

我が家の玄関にはエリック・クラプトン直筆のサイン入りの写真が飾ってある。多分、40歳前後の頃の写真であると思う。クリーム時代の長髪に口髭もカッコいいし、60歳過ぎてからのメガネと無精ヒゲも渋さがカッコいい。そして、この写真のように髪を短くしてヒゲを蓄えた姿は特にお気に入りである。

この写真は、当時、神栖市役所に勤務していたYさんからいただいたもの。Yさんは勤務先である中央公民館のロビーを使い、「マイ企画展」と称して、サイン本、雑誌の創刊号、レアものグッズ、レコードなど、ご自身の膨大なコレクションを展示ケースに並べて市民に公開していた。

サイン本の展示の時は、椎名誠、植草甚一、野田知佑、原田宗典、片岡義男、桃井かおり、落合恵子など錚々《そうそう》たる作家の作品が並び、そこに、エリック・クラプトンのサイン入り写真があったのである。

Yさんから「私が持っている内野さんの本にサインが欲しい」と言われたので公民館を訪

ねたところ、早速、署名した拙書を展示してくれた。

私も、本、クルマのカタログ、ミニカーなどの収集癖を持つコレクターであるが、Ｙさんのコレクションには質・量とも足元にも及ばない。本人曰く３万点とも４万点ともいうコレクションは、数軒の保管場所に分散して保管しているらしい。

年齢が１歳違いということもあり、Ｙさんのコレクションは時代的には全く同じ。さらに、コレクションの対象（作家やグッズ等）も恐ろしいほど酷似している。Ｙさんと私との最大の違いは、Ｙさんは買ったものは捨てないということである。その結果、出来上がったコレクションである。発売当時の価格の数倍あるいは数十倍のお金を出して集めているわけではなく、捨てなかったものが後に貴重本（品）となり、好事家にとって垂涎《すいぜん》のアイテムと変わったもの。まさにコレクターの王道であり、その結果のお宝である。

なかでも、２０１４年３月22日～５月25日、同じく中央公民館で行った「Ｊ・Ｊ（植草甚一）展」は、土地柄からして、快哉を叫びたくなるような企画であった。土地柄というのは、「植草甚一」をわかる人がいったい何人いるのだろうか、という意味である。

実は私も植草甚一が好きである。とは言え、膨大な著作に通暁しているわけではない。読んでいるのは僅かな点数に過ぎない。氏のジャズや映画批評に関心がなくはないが、むしろ、生き方に憧れているといった方が正しいかもしれない。

氏も典型的なコレクターだった。そして唯我独尊、唯一無二のキャラでもあった。内なる魂は好奇心であふれ、その魂の宿った肉体を覆う衣服や所作も、周囲から好奇の目で見られるといった粋人だった。

２０１５年6月20日、世田谷文学館で行われていた「植草甚一スクラップ・ブック展」を訪ねた。展示品は、スクラップ帳、メモ帳、手紙、コラージュ、原稿など。それは氏の作品を生んだ「作品」ともいえるものが多く、原稿以外のこういったものが「作品」となって展示されること自体、洒脱な生き方が見て取れるからであろうと思う。作品となる前の「思考・想像・思索」といったものが、スクラップ帳やメモ帳から滲み出てくる味わい深いものだった。

また、洒脱な背広、派手なネクタイなど、そうしたものをまとった氏自身が、好奇な視線を集める「作品」でもあったように、他の展示会とは趣の違った不思議な雰囲気があった。

館内で、「ねえねえ、面白いものって何？」と両親に何度も尋ねていた小さな女の子がいた。この質問にはついほくそ笑んでしまった。面白いものなどなにもない。面白いと思わなければ見えてこないのが氏の世界である。

「好奇心」という言葉が好きである。図書館員には絶対に不可欠なものであると思う。図書館員は利用者の知らないことに常に関心を払い、選書という仕事を通じて、社会に奉仕する仕事である。見るもの聞くもの全てが自然に選書の血肉になる。それが図書館員の業であるとも思う。

『ぼくは散歩と雑学がすき』（晶文社）、『知らない本や本屋を捜したり読んだり』（晶文社）、『いつも夢中になったり飽きてしまったり』（番町書房）など、書名からして、好奇心旺盛な氏の生き方が彷彿される。

『ぼくは散歩と雑学がすき』の「ぼくは」を「図書館員」に置き換え、他の二冊を見ると、図書館員の教科書そのもののように思えてならない。

図書館に行って、何が一番嬉しいか。それは、多分見つからないなと思っていた本を書架で見つけた時か、閉架書庫から図書館員が「これですね」と持ってきてくれた時ではないだろうか。本を手にして、しみじみと「あったんだぁ」と、頬を緩ませた時の利用者の表情に、元気をもらうのも図書館員である。

氏が逝って30年後の２００９年、新潮社から『したくないことはしない　植草甚一の青春』が出された。著者は晶文社で氏の本の編集をされていた津野海太郎。

この書名を見た時、鹿嶋市役所を辞めた直後、元同僚の司書からもらった手紙を思い出した。その手紙には、サミエル・ウルマンの「青春」の一部が書かれていた。「青春とは人生のある期間を言うのではなく心の様相を言うのだ。優れた創造力、逞しき意志、炎ゆる情熱、怯懦《きょうだ》を却《しりぞ》ける勇猛心、安易を振り捨てる冒険心、こう言う様相を青春と言うのだ。」で始まる有名な詩である。私の50歳の転職を祝い、「勿論ご存知だとは思いますが」と、ことわり書きがあって贈ってくれた詩である。そらんじるほど覚えているわけではなかったので、あらためて鼓舞された。

はたして自分は氏のように「したくないことはしない」と生きているだろうか。還暦を過ぎても道半ばである。

林伸次『バーのマスターはなぜネクタイをしているのか?』DU BOOKS, 2013年

2015年の春、文部科学省の図書館司書専門講座でシンポジウムのコーディネーターを務めてほしい、との依頼が電話であった。図書館司書専門講座の講師依頼は3年ぶりであった。かつてシンポジストとして登壇したことがあり、図書館関係者の意見を調整するコーディネーターだと早合点した。

二つ返事で了解した後、「どこの図書館員がシンポジストとして登壇される予定ですか」と、事務局職員に尋ねた。

「今回は図書館関係者ではない人を予定しています」と。

シンポジウムのテーマは、「地域の活性化を支える知の拠点としての図書館の可能性を探る」と聞いていたばかりなので、一瞬戸惑った。

「差支えなければ、候補者をお教えいただけませんか」

「まだ、日程調整中ですが、幅允孝さん、猪谷千香さん、岡直樹さんの御三方です」

この答えには驚いた。図書館で仕事をしている人ならば、この３人の名前は少なくとも知っているはず。いずれも図書館や本に一家言を持つ著名人である。

耳を疑うというのはまさにこの時のこと。なぜ、私がこの豪華メンバーのシンポジウムのコーディネーターに指名されたのか。恐る恐る聞いてみると、「先生もラジオのパーソナリティをされているではありませんか」と。

確かにやっています。人気番組とは言いませんが、２年半以上（当時）続く番組です。とは言え、人口７万人に満たない田舎のまちのコミュニティＦＭである。とても、この３人に比肩する者ではない。

かといって、恐れ多いと退散する性分でもない。いずれにしても日程調整が困難でした、との連絡が早晩来るだろうと、高を括っていた。

しかし、数週間後に来た連絡は、「全員ご参加いただけることになりました」と。

さあ、それからが大変である。幅さんと猪谷さんの著作は既に我が家の書斎の棚にある。岡さんについては、氏が代表を務めるＮＰＯの活動が紹介された本が同じく棚に並んでいる。しかし、誰一人として面識はなく、記者である猪谷さんを除き、実際に手がけた「現場」での仕事を見てはいなかった。

初めて一緒に仕事をする人に会うときは、できるだけ事前に、その人の著作を読んだり、実践された活動の現場を実際に見たりすることを励行している。それは、少人数の受講生を相手にした専門研修の講師を務める場合も同じである。先に名簿が入手できた場合は、受講生が所属する自治体の基本情報を入手した上で研修に臨むようにしている。

まず、ブックディレクターの幅さんの仕事として知られる東京・神楽坂の商業施設「ラ・カグ」を訪ねた。そして、入店してほどなく、一冊の本『バーのマスターはなぜネクタイをしているのか？』を手にしていた。店員さんに「この本は売り物ですか」と尋ね、商品であることを確認すると、価格も見ずにレジに向かった。そのくらい、どストライクの本であったということである。

さまざまな商品がディスプレーされた店内に、絶妙に置かれた本。決して量的に満足のいく冊数ではないものの、質的に厳選された本は丹念に見ていくと垂涎のものばかり。財布が許せば何冊買うことになるかわからないほど、自分にぴったりだった。馴染の都内の大型書店では絶対にめぐり会えなかった本である。こうしてめぐり会えたというか引き寄せられたことはまさにマジックである。

幅さんは「人が本屋に来ないのなら、人のいる場所に本を持っていこう」をモットーに全国で様々な仕掛けを行っている。その幅さんの仕事（魅力）が棚に現れていた。

岡さんは船橋駅を中心に私設の「本のある場所（法的な公共図書館には該当しない）」を展開。「誰もが家から歩いていけるぐらいの距離に図書館がある街を作っていきたい」と、ＮＰＯ情報ステーションの代表を務め、地域活性化に取り組んでいる。

猪谷さんは、『つながる図書館』（筑摩書房、２０１４年）の著作で斯界はおろか、本に関わる世界では広く知られるハフィントンポストの記者であり作家。「多くの人にとって、読書というのはエンタメ。知的な活動と言うよりは、エンタメとして本が消費される。図書館もそういう場所になってしまっている。エンタメ以外の読書を図書館から提案してほしい」

の発言などからも、図書館に対する深い洞察力は斯界で高い評価を得ている。こうして、３人のことを事前にいろいろ調べた上で当日に臨んだ。

さて、購入したのは『バーのマスターはなぜネクタイをしているか』であるが、ネクタイを締めず、室内でもハットを被っている粋なバーのマスターがやっている店を知っている。このマスターの出で立ちは別にして、バーのマスターは極上の接客術を体得しているというのが絶対条件である。ちなみに、著者は東京・渋谷でボサノヴァとワインのバーを17年間経営するマスターである（初版２０１３年11月）。

バーは酒を飲みに行くところではない。マスターと喋りに行くところである。飲むだけなら、バーの一杯は決して安くはない。安酒ならグラス２杯分のお金で、量販店でボトル１本が買える。

著者は修行先のバーのオーナーにこう教えられたと語る。

「カクテルのつくり方なんて一週間もあれば覚えられるから。本当に覚えなきゃいけないのは接客だから」。

そして、図書館員なら膝を乗り出すことが書いてある。それは、「いかにも同業者」というお客さまにどう接するかという問題。次の３パターンにわかれるとのこと。

①相手はプライベートで楽しみに来ているお客さまなので、気づいてはいても絶対に「同業者ですよね」なんて話しかけない。
②接客する時になんとなく「飲食話（例えば、最近円高のおかげでちょっとワインが値下がりましたよねって感じ）をもちかけて、相手の出方を見て、お店の名前を聞き出す。
③「あの、もしかして飲食業されてます？」とストレートに聞く。
著者の答えは③とのこと。

私も現職中は、怪しい行動（図書館関係者のとりがちな行動）をとる利用者を見かけたら、報告するように、とスタッフに伝えていた。報告があれば、近づいていき、「何かご案内することがありますか」と尋ねる。ほぼ１００％「ズバリ」関係者である。

情報交換する絶好の機会。また、食事の時間帯なら、市内の飲食店を薦めるなど、地元にお金を落としてもらうこともできる。相手は隠密であっても、どっこい、そうはさせない積極的な繋がりを図書館員には求めたい。

一度もバーに行ったことがない、とはよく聞く。特に女性に多い。下戸ならばわからなくはないが、飲酒を好む女性でも、バー未体験者は少なくない。

そのためだろうか、この類書がほとんど出版されていない稀有な内容なのに、図書館で所蔵しているところが非常に少ない。

せめて、図書館員の嗅覚で、タイトルから醸造酒や発酵酒の香ばしい匂いに気づいてほしい本である。

金子秀之『知的で、イキで、お洒落な世界の広告たち』研究社、2010年

この本に出会ったのは、東京・汐留にあるアド・ミュージアム東京に併設された広告図書館。本著の取材で初めて訪ねた時の「収穫」である。

クルマに限らず広告好きであることは先述したが、この本は知らなかった。こういう時の感動は、本当に図書館があって良かった、と快哉を叫びたいくらいである。

なんでもお国柄というものはある。広告の世界も同様である。こんなセクシーな映像は日本では無理というものや、ここまで他社との差別化を露骨にやるの？　など、実に面白い。

海外の空港に降り立ち、空港内に貼られた大きなポスターを見た時、やっと着いたぞ、と最初に感じるのは私の場合は広告である。特に原寸大位の大きさのクルマのポスターは、その国の言語以上に「外国」を意識させる。そんなもの日本にも貼ってあるじゃないの、と訝しがる人もいようが、例えば同じフランス車でも、日本に貼られているものとは違うものが多いのである。

東京・有明のルノーのディーラーに行った時のこと。「あれ、この車種に黄色のボディカラーってラインナップされていましたっけ」と私が訪ねた。そうしたら、「このポスターは本国で貼られているものなので、国内仕様ではないのです」と。

さて、この本の書名をあらためて見てほしい。「知的で、イキで、お洒落」とある。ということは、商品の効能や価格を訴求するだけの広告集でないことは想像に難くない。

冒頭で筆者は、どうして海外の広告に興味を持ったかを記しており、文章の中見出しを記すと、こうなる。

ダブルミーニングの面白さ（同じ言葉で二つの意味を持ち、その違いを楽しむ言葉遊び）

新しい言葉との出会い

比喩の面白さ

まさに的確に表現していると思う。だから「知的で、イキで、お洒落」となる。

ビートルズの「アビーロード」のジャケットと言えば、読者の大半の方は想起できるだろう。誰もが知っているジャケットであり、印象深いのが道路である。クルマ好きなら、白のフォルクスワーゲンのタイプ1が左側に後ろ向きに映っているのも覚えているだろう。

本書に紹介されているのはレコードジャケットのパロディーで、あの有名な道の横断歩道を4台のニュービートルが停まっている（歩いている）もの。ちなみにジョンは赤、リンゴは黄色、ポールは青、ジョージは緑。レコードジャケットでお馴染みのビートルもちゃんと駐車している。なんとも愉快な広告である。

ジャケットの写真の街路樹は緑がまぶしかったが、こちらの広告は落葉した冬枯れの風景。世界の音楽シーンを席捲したイギリスのBeatlesと、同じく世界一売れたクルマであるBeetle(タイプ1)をかける面白さ。「どいつ」が作ったと思います？ ノルウェーの会社である。

もう一つ唸ってしまった広告があった。それはアメリカのキャデラックの広告。モノクロである。しかもルーフが見える高い角度で広告の中央にあるのは霊柩車。カラーであろうとモノクロであろうと、霊柩車の色は黒。広告の一番下にコピーがある。

Your First ride in a Cadillac shouldn't be your last

初めてキャデラックに乗るのが人生の最期にならぬように、とある。

なんともカッコいいコピーである。キャデラックといえばアメリカが誇る高級車。洒落が効いている。

日本だと「いつかはクラウン」とのコピーが、いかにもと言った感じだったが、このキャデラックのコピーとは皮肉度の点で比較にならない。

ちなみに、私は生涯、クラウンにはきっと乗らないだろう。高級車に乗るに相応しい稼ぎもないし、それ以上に似合わないのが分かっている。

私の知人の中古車販売業者に言われたことがある。

「内野さんが普通のクルマに乗ったら、内野さんらしくないし、似合いませんよ」

ちなみに、２０１６年のバレンタインのプレゼントに、フォルクスワーゲンのタイプ1を模ったチョコレートを東京の図書館員からいただいた。そのチョコレートが入っているのが、これまたタイプ1が描かれたペンケースとして使えるもの。

見た瞬間に「これだ！」と思いました、と私が講師を務めた研修会に参加した方からいただいた。その後、岐阜の方からはフィアット５００のミニカー付きのチョコレートが届いた。還暦祝いには、シトロエン２ＣＶがラベルに描かれたワインと、２ＣＶのトートバッグをいただいた。『だから図書館めぐりはやめられない』や『図書館はラビリンス』に書いたクルマの四方山《よもやま》話が紡いだ縁である。

最後に、本書でやっと解けた謎がある。

その謎とは「クルマは男性なのか女性なのか」というもの。

クルマは、フランス語では「ユンヌ・ボワチュール」、イタリア語では「ウナ・マッキナ」で、どちらも女性名詞。だから美しいのでしょうね、納得。

中尾充夫『1929年と自動車』1979年

図書館を日頃から使っているのは、市民の3割と言われるが、これは本を「借りる」という利用者と、本を「閲覧する」利用者、または学習目的で来館する利用者等の総数で、実際に本を「借りる」利用者は2割未満と思われる。

実際に本を借りる利用者をさらに細かく分類したら、月に1回以上利用する人は1割にも満たないと思われる。

鹿嶋市役所の職員時代、図書館に異動になって、初めて知った図書館サービスはさまざまあるが、一番驚いたのは相互貸借サービスだった。図書館関係者以外の読者もいると思うので、簡単に説明すると、自分が住むまちの図書館にない資料を、県内外の他館から、図書館が仲介して借受してもらうサービスである。要は鹿嶋市立図書館にない本が、神奈川県藤沢市立図書館にあれば、それを取り寄せてくれるという優れたサービスなのである。貸してほしいと求めても、資料の状態や資料価値等から貸出をしないものもあるので一概には言えないが、図書館サービスがいかにネットワークサービスであるかを、一度でも利用した人は感じ入るに違いない。

しかし、図書館利用案内を見ると、このサービスが書いていないものをよく見かける。紙面の都合上、サービスの全ては書ききれない、という理由はわからなくもない。しかし、書いてある内容と、相互貸借を秤にかけたら、どっちが利用者に伝えるべきサービスか、と首をひねりたくなる利用案内もある。

本著は、東京・港区にある自動車図書館で初めて見た本である。国立国会図書館の書誌を見ると出版社が著者の氏名になっているので、自費出版かと思われる。

茨城県の横断検索ではヒットしなかったので、鹿嶋市立中央図書館に行き、神奈川県立川崎図書館から相互貸借で借り受けてもらった。

著者の中尾氏は、三菱自動車工業株式会社の出身で、９００冊もの図書等を自動車図書館に寄贈し、自動車関連の著作も多数ある方である（一般社団法人日本自動車工業会発行の『JAMAGAZINE』２０１5年5月号を参照）。

さて、本書の内容は、「まえがき」を読んでいただいた方がよくわかるので、こちらを紹介する。

「古い外国雑誌の自動車広告を眺めていると、英誌『The Autocar』と米国の『VANITY FAIR（虚栄の市）』というカラー雑誌には１９２９年のものが思いの他沢山あり、この時代の自動車の典雅なスタイルに今更ながら強く惹かれるものがあった。そこで50年前の世界の自動車の姿を一冊の本にまとめてみようと思いたち、『１９２９年』という年について調査を始めた。」

１５０頁余の誌面の3分の2を占めるのは１９２９年のクルマの広告である。ここに著者の短いコメントや広告のコピーの翻訳が書かれている、極めてシンプルなつくり。広告自体がアートとして饒舌なので、却って、このシンプルなつくりが本の品性を際立たせている。また、3分の1は、１９２９年の世界と日本、統計、ニュースを簡潔にまとめられていて、資料的な価値も高い。奥付には頒価２８００円とある。

どういう経過で神奈川県立図書館の蔵書となったかは知らないが、この本が図書館に所蔵されていたことで、しかも除籍されなかったおかげで、私はこの本に出会うことが出来た。これが個人のコレクターの書斎にあったとしたら、めぐり会うことすらできなかったかもしれない。ここに図書館の使命があり、選書の大切さがある。

本の意義を的確に表したこういう表現がある。

「知りたいと思う欲求と知らせたいと思うそれの絶え間ない繰り返しが、知の銀河系ともいえるような膨大な量の書を生み出した。」

これは、図書館情報大学（現在の筑波大学）の開学20周年記念事業・講演録『知の銀河系』の冒頭の「刊行にあたって」で記された、当時の学長である吉田政幸の言葉である。私が図書館人として矜持にしている言葉の一つである。

読者はどうしても知りたいともがいていることがたくさんある。著者はどうしてもこれだけは読者に伝えたい、後世に残したいという思いで作品を書く。インターネットの時代とはいえ、調べていることがわかるのはごくわずか。しかも真偽のほどがわからないものも多い。出版社もいいものは自らの手で残したいと思いつつも、その作品が商品として成り立つ市場がなければ、おいそれと本にすることはできない。

市場がないものは資料としての価値がないものとは言えない。生まれたくても生まれない本はたくさんあるのである。

また、求めている私に、この本が「届く」までに要した年月は36年である。

これは、ほんの一例に過ぎないが、図書館の仕事は読者に本を貸すことではない。届けることである。だから、求めている人、出会ってほしい人、気づいていない人に届くようにと、展示等に工夫を凝らして、本を紹介しているのである。

「こんな本があればいいのに」とは日頃から図書館員が思っていること。これは書店員さんも読者も同じかもしれない。求めている人がいるのなら、伝えたいことがあるのなら、いっそ、図書館界で、有志が集って本をつくる。図書館にはそんな使命もあるのではないかと思う。


山川健一『僕らに魔法をかけにやってきた自動車』講談社、2001年

自慢ではないが、私は自動洗車機で愛車を洗ったことは数回しかない。本当は一度もない、と言いたいところだが、キャンペーン価格に目がくらんだり、厳寒の時期でどうしても洗車せざるを得なかったりした時などの数回だけである。

若い時は洗車が趣味と言っても過言ではなかった。自宅の前で洗車していると、近所の人が声を掛けてくれる。こうした会話のきっかけとなることも楽しみであった。

クルマは会話のきっかけをつくる。私は散歩していて、気になるクルマをガレージや庭で見かけると、知らない人でも声をかける。気になるクルマとは、良く見かけるクルマではない。レアな輸入車や旧車といわれる類のクルマで、オーナーは声をかけられることに慣れているふしもある。

高速道路の駐車場でも声を掛けることはあるし、外国に行った時も声をかける。「お前誰だ？」という表情で返されることはない。「いいクルマですね」と言われれば、オーナーは破顔一笑。直ぐにコアな話となる。だから、クルマに関心のない相方と一緒の場合は声をかけてはいけない。突然始まった見知らぬ人との終わらない意味不明の会話に、不機嫌になることは必至である。

洗車している人を見かけると、なぜか声がかけやすいのである。一生懸命膝を折ってホイールを洗っているオーナーに、背中越しに声をかけることが、クルマ好きの礼儀のような気がするのは私だけだろうか。夏ならば「暑いですね」でもいいし、冬ならば「寒くはありませんか」の季節の挨拶でも、余計なお世話とならないところが、クルマ好きのいいところかもしれない。

洗車をしていて楽しいのは、クルマの曲線を撫で撫でしているときである。私はどちらかというとスクエアなフォルムよりも丸みを帯びたクルマが好きで、洗車がしにくい車高の高いクルマはあまり好みではない。

洗車をしていると水滴が適度なスピードで流れていく曲線が好きで、愛車だと、いすゞ117クーペ、フォルクスワーゲン タイプ1、スズキ・カプチーノ等は、洗車が楽しくて仕方がなかった。117クーペの柔肌（なわけはない）。タイプ1の張り出したフェンダー、カプチーノの小ぶりなお尻、思い出してもワクワクする。

「おしりだって洗ってほしい」はTOTOウォシュレットの名コピーであるが、私もお尻（リアビュー）の美しいクルマを洗うのは大好きである。

ベンツ300SL（W194）、ジャガーEタイプ・シリーズ1は美尻の双璧。とは言え到底オーナーにはなれないクルマ。最近、公道で偶然、真後ろを走ったクルマだと、アルファロメオ・ブレラやランチア・イプシロンは、洗ってあげたい美尻車だった。

クルマをモチーフに小説やエッセイを書かれる作家はたくさんいるが、その表現の美しさに唸るのが山川健一である。

本書に限らず、山川氏の見事な表現はいくらでも挙げられるが、タイトルが気に入っている本書から三つ挙げてみる。

「ステアリングを握りながら眺めるふくよかなフェンダー」

「実際にステアリングを握ってみると若さを感じる。若さと言っても、17歳や18歳ではなく、30歳のガールフレンドとつき合っている……というような」

「尻がまた、可愛い。１６４が成熟した女性の形のいいヒップだとすると、１５６はまだ少女っぽさがのこっているという感じ。」

順を追うと、ミニ・メイフェア、ジャガーSタイプ、アルファロメオ１５６となる。

クルマを愛でる人の表現に恍惚となりませんか。

第5章　お気に入りの図書館を見つけよう

本書は図書館関係者と図書館を利用したことのない方の半々の読者を想定して書いたものである。しかも、図書館を使ったことのないクルマ好きと、さらに対象を絞った。

限定したとはいえ決して少数ではないと思う。日本は製造台数・保有台数において世界に冠たる自動車王国であり、モーターショーやモータースポーツ、全国各地で行われるクラシックカーミーティングなど、クルマのイベントは好事家のみならず、週末ともなれば家族連れで賑わう。また、書店では自動車雑誌が棚を占拠する国でもある。

近年は漸減傾向とはいえ、東京モーターショーの来場者は70万人を超える。ちなみに、東京国際ブックフェアの20倍の来場者である。しかも、この二つのイベントに参加したことのある私の印象は、前者は圧倒的に一般の自動車ファン、後者は出版社等の業界関係者が多い気がする。ブックフェアとはいいながら、読者よりも作り手側のイベントの印象が拭えない。その意味では、クルマ趣味というのは、その対象は少数ではなく、多くの国民の関心事なのではないだろうか。

図書館に関する市民アンケートへの回答を求められた際、「日頃、図書館を使われますか」の問いに何と答えるか。回答の選択肢の「使わない」に○を付け、続くその理由に「行く必要がない」「本は借りて読むものではなく買って読むもの」「求める本がない」との選択肢（複数回答）に◯を付けると思われる読者が本書の対象である。

「行く必要がない」と回答された方に対して、図書館員が「ぜひ、おいでください」と言っても無理。

「本は借りて読むものではなく買って読むもの」も同様である。

しかし、「求める本がない」と回答された方は、図書館に数回行ったものの、満足する蔵書がなかったという人と言えるのではないか。とはいえ、本当に「無かった」のか、それとも「見つからなかった」のか。蔵書検索して所蔵が「無かった」だったのか、それとも貸出中のため書架に「無かった」では意味は違う。図書館に行って、そんな調べ方なんてしたこともない、という人も実は少なくないのではないか。

また、図書館の蔵書全般に満足できないという意味で「求める本がない」と回答された人もいよう。

この「求める本がない」と答えた人に対して、元図書館員の一人として書いたものでもある。だから、図書館員にも読んでほしいし、気づいてほしいことがたくさんある。

『出版ニュース』という雑誌がある。図書館で所蔵しているところは非常に少ない。恐らく一般の読者には初耳かもしれないが、本誌の２０１６年３月下旬号（基本的に月３回発行）

に掲載された文章を紹介したい。筆者は日本図書館協会で長らく事務局長の要職を務められた松岡要である。とても簡潔に図書館の仕事というものを表現されている。

「図書館は求められた資料、情報を確実に提供する機関である。単に本のある施設ではなく、「レンタル業」でもない。必要とされる資料を選定、収集し、一定の方針のもとにコレクション形成を図る。所蔵資料の内容を分析し、それぞれの図書館に沿った分類、件名、キーワードを付与した目録をつくる。著者が意図したことを超えた利用も保証することになる。組織化されたコンテンツを所蔵管理し、その利用を保障する機関なのである。」

いかがだろうか、一般の読者にはやや難解な単語もあるかもしれないが、図書館の使命、図書館員の仕事がおわかりいただけるのではないか。

図書館と書店は違う。国内に公共図書館は3250館ほどあるが、コレクションはみんな違う。公共図書館以外にも、大学図書館、学校図書館、さらに専門図書館と、いろんな館種があり、それらはみんな繋がっている。本書で紹介した国立国会図書館も同様である。

本書の最終章として、クルマ好きに訪ねていただきたい図書館を紹介することとする。これが全てと言う訳ではない。私が訪ねた中で出色のコレクションに感動した図書館である。

愛知県豊田市中央図書館

本書のテーマである「クルマ」に関する資料に関して、市立図書館としては国内で質量とも最高のコレクションを有する図書館である。

自動車資料コーナーを設けているのは中央図書館。自動車会社の社史、自動車工学の専門書、整備マニュアル、カタログ等、一般書は当然ながら専門書も充実。豊田市駅から歩いて直ぐの立地も非常に使いやすい。

資料としては、雑誌約２００タイトル、カタログは約1万１０００冊、図書・雑誌を合わせ5万８０００冊のコレクション。

現在、新刊が読めるクルマ関係誌は『AUTO CAR』『MOTOR TREND』などの洋書も含め16誌。貴重なコレクションの展示物も閲覧できるコーナーでのんびり過ごせるのもありがたい。さすが、トヨタ自動車の本社のあるまち。地域資料という観点から集められた膨大なクルマ関連の資料に「図書館ってすごいな」と感動しますよ。

住所＝愛知県豊田市西町1－200
電話＝0565（32）0717
開館時間＝火～金曜日10：00～19：00、土・日・祝日10：00～18：00
休館日＝月曜日、年末年始、特別整理休館日

自動車図書館

一般社団法人日本自動車工業会（東京都港区）が管理運営する、名称のとおり自動車関連資料に特化した専門図書館である。国内外の主な自動車雑誌をはじめ、書店で見かけることのない自動車団体の機関誌、メーカー技法、メーカー広報誌等、150弱の逐次刊行物が閲覧することができる。また、自動車関係の各種年報や統計、研究論文、国内外の書籍や雑誌のバックナンバーも充実。『モーターマガジン』『カーグラフィック』は創刊号から揃っている。まさに文献調査にもってこいの図書館。

日本自動車工業会の建物の1階にあり入館は無料。仕切のついた閲覧席もあるので、ゆっくり文献調査ができる。ここに通う度に知らなかった資料に出会えるので、私にとっては、

その後の出費が嵩む図書館でもある(笑)。

住所＝東京都港区芝大門1－1－30　日本自動車会館

電話＝03（5405）6139

開館時間＝9：30～17：00

休館日＝土・日・祝日、年末年始

広告図書館

自動車図書館と同じ港区にある、広告とマーケティングの資料館「アド・ミュージアム東京」に併設された図書館が広告図書館である。

アド・ミュージアムは、公益財団法人吉田秀雄記念事業財団が運営する施設で、当財団はその目的を、「わが国におけるマーケティング特に広告に関する分野の振興をはかるとともに、その研究を奨励助成し、一般にマーケティング特に広告に関する理論、技術の向上普及につとめ、わが国経済、産業ならびに文化の発展に寄与せんとするものである」と設立趣意書に記し、広告に関連する分野の研究者に対する研究費助成、国内外の研究グループに対する研究委託、及び機関誌『AD　STUDIES』（季刊）発行等の活動を行っている。

館内で利用できるデータベースも充実しており、広告のみならず出版関係の書籍も収集しているので、図書館関係者も足を運んでほしい。

カレッタ汐留という「スローライフ」をコンセプトにした複合施設内にあり、レストラン、ショップ、劇場、地上約200mのレストランからは東京湾を一望できるので、図書館に限らずいろんな楽しみ方ができる。

住所＝港区東新橋1‐8‐2　カレッタ汐留
電話＝03（6218）2501
開館時間＝平日11：00〜18：00、土曜日11：00〜16：00（入館は閉館の30分前まで）
休館日＝日・月・祝日・振休

トヨタ自動車博物館ライブラリー

クルマ好きは、160台余の世界の名車をじっくり堪能すればよし。図書館好きは、館内展示の学芸員のアイデアを学び、ライブラリーでコレクションを楽しめばよし。両方好きならば丸一日いても飽きることのない施設がトヨタ自動車博物館。まさに自動車文化を満喫できる空間である。

ライブラリーには、コミックや絵本も含め、国内外の自動車に関する資料が豊富にあり、国内ではなかなか見かけることのないマニア垂涎の洋書に溜息も。また、自動車史研究家の故・五十嵐平達氏のコレクションを公開する「五十嵐文庫」もマニア必見。

企画展も充実しており、「夢をえがいたアメリカ車広告アート」、「パリの街角を彩った自動車アート」、「岡本三紀夫の世界」など興味あるものばかり。図録も貴重な資料としてマニアは揃えておきたいところである。

住所＝愛知県長久手市横道41－100
電話＝０５６１（６３）５１５１（代表）
開館時間＝９：30～17：00（入館受付は16：30まで）
休館日＝月曜日（祝日の場合は翌日）および年末年始
資料としては、和書１万６０００冊、洋書役３７００冊、雑誌タイトル１９５タイトルを所蔵。

◎さあ、図書館に行こう！

図書館に行って、書架を見て「探している本がないなぁ」と思っても諦めたらいけない。

館内の端末やウェブで検索したけれど、なかったという場合、自分が入力した書名が間違っている場合もあるし、図書館の書誌情報と微妙な齟齬《そご》がある場合がある。諦めずに図書館員に所蔵調査をお願いするのが大切。思ってもいなかった資料が見つかる場合がある。

また、本書でも述べたように、他の図書館から取り寄せてもらうことも可能。とにかく、図書館に行ったら、図書館員と話すことが肝要。図書館員はどこでも尋ねられるのを待っているのです。

久しく図書館に行ってない方も、一度も行ったことのない方も、自分の住んでいるまちの図書館のみならず、時には少し足を延ばして、よそのまちの図書館に寄ってみるのも楽しいものです。自分の住むまちの図書館とこんなにも違うのかと驚くとともに、たくさんの発見があります。自分のお気に入りの図書館を探す旅をしてみませんか。

国立国会図書館の図書館向けデジタル化資料送信サービスを利用しよう

国立国会図書館が図書館向けにデジタル化した資料を送信しているサービスをご存知だろうか。図書館はと言っても全ての図書館ではない。参加している図書館は698館(2016年7月4日現在)。この参加館の館内端末で膨大な国立国会図書館の資料が見られるという

資料種別	概　要
図書	昭和43年までに受け入れた図書 約50万点
古典籍	明治期以降の貴重書等 約2万点
雑誌	平成12年までに発行された雑誌（商業出版されていないもの）約1万タイトル（約78万点）
博士論文	平成3～12年度に送付を受けた論文（商業出版されていないもの）約12万点

※除外手続により、リストに掲載されている資料の送信を停止する場合があります。

http://www.ndl.go.jp/jp/library/service_digi/index.html

サービスである。その数は何と140万点以上。平成24年の著作権法改正により、国立国会図書館がデジタル化した資料のうち、絶版等の理由で入手が困難な資料について、全国の図書館に送信することが可能となったことで、平成26年1月10日に開始されました。それまで、国会図書館の館内でしか見られなかった貴重な資料が、最寄りの図書館に行けば見られるのです。

利用できる図書館（参加館）は逐次増えているので、国立国会図書館のホームページで確認のこと。

http://dl.ndl.go.jp/ja/soshin_librarylist.html

デジタル化資料送信サービスで利用できる資料のリストは上表のとおり。平成28年1月時点では約142万点の資料が利用できます。リストは半年に1回（1月と7月）更新。

おわりに

趣味のクルマに関する本が書ける機会がめぐってくるとは思ってもいなかった。簡単な経過は4章の冒頭に書いたとおりである。

野球、テニス、サッカー等、スポーツの世界で世界一となれば日本中が狂騒状態となる。それくらい世界一というのは凄いことなのである。

この本の脱稿間近の2016年3月下旬、マツダのロードスター（海外名 MX—5）が「2016年世界カー・オブ・ザ・イヤー」に選ばれたとの朗報が届いた。同時にデザイン部門の「世界カー・デザイン・オブ・ザ・イヤー」も受賞したとのこと。まさに快挙である。

しかも、ロードスターはギネス記録も持つクルマである。それは「世界で最も多く生産された二人乗り小型スポーツカー」との認定である。

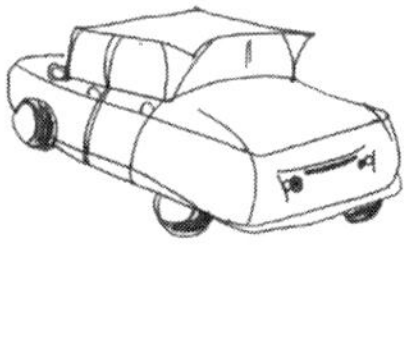

欧米先進諸国に大きく水をあけられた時代に産声をあげた日本の自動車産業。欧米のクルマを模してつくることから始まった「学び」の歴史である。先進諸国に揶揄され嘲笑された国産車は、いつしか世界に冠たるブランドとして称されるものとなった。

12年前に初めて渡米し、最初に降り立ったのはロサンゼルス。そこで見た風景はおびただしい数の日本車の姿だった。現地で案内してくれたライブラリアンもほとんどが日本車のオーナー。壊れなくて、燃費が良くて、安い日本車を選ばない理由がない、と出会った多くのアメリカ人が異口同音に言った。皮肉にも外車好きの私に、である。

しかし、自動車産業は欧米先進国を凌ぐまでになったものの、自動車文化はどうかと言えば、相当な開きがあることは否めない。

特に元図書館員として、自動車文化を編んだ本の少なさは痛感していた。年間に8万点もの新刊が出版される我が国において、他の分野の雨後の竹の子のように出版される大量の類似本を見るにつけ、自動車文化が記録としてしっかりと残されていないことを極めて残念に思っていた。日本を代表する産業にしてこれである。他の産業も同じことが懸念されるのが我が国の出版の実態である。

本書の執筆にあたり図書館は欠かせない場所であった。そこにしかない資料を求めて県内外の図書館を訪ねた。元図書館員として感じたのは、図書館の蔵書の偏在である。身近にあって然るべき資料が数十キロも離れた図書館にまで行かなければ見られない現状。ベストセラー本はどこの図書館にもあるが、利用が少ないと思われるような私の必要とする本は、県外から取り寄せるしかなかった。それでも日本のどこかにあればましなもので、どこにもなくて海外から購入した本も少なくない。また、地域資料としてあって然るべきと思われる資料が、該当すると思う図書館に不十分な実態をあらためて知った。図書館における地域資料の考え方について不安を覚えることとなった。

本書の執筆を進める中で貴重な本の存在を知った。それは『佐渡の自動車』（1999年）という本で、著者は佐渡出身の佐々木烈。鉄道のない島国の佐渡における陸上交通の歴史を綴ったもので、まさに佐渡における自動車の歴史である。出版社は長野県松本市の郷土出版社。企画出版なのか自費出版・共同出版なのかは不明であるが、なにもしなければ消えていってしまう歴史を書き留めた素晴らしい地域資料である。執筆された佐々木氏に敬慕の念を禁じ得ない。

残念ながら、郷土出版社は2016年2月末をもって閉業し40年の歴史を閉じた。塩尻市の図書館長を務めていた関係もあり、複雑な思いである。

この佐々木氏の著作であるが、新潟県内の図書館では大半の図書館に所蔵があり、佐渡市や新潟市では数冊の所蔵があった。こういうことを確認した時、本当に図書館があって良かった、と思う。図書館がなければ、貴重な地域の記録が後世に残していけないのである。

この本は、単著としては6冊目となる。既刊書は全て、タイトルに「図書館」の文字が入っており、読者の大半は図書館員で、全国の多くの図書館が購入してくれていることで、著者としてかろうじて出版社への対面を保てている。

本著も「図書館」の文字はタイトルにはあるが、読者は図書館員に留まらない広い対象となってくれることを密かに願っている。その願いが叶えば、そのうちの何割かが図書館に足を運んでくれるだろう。そして、またさらに何割かが図書館を支え育ててくれるだろう。

本書がそんなきっかけとなれば幸甚である。

最後に、トヨタ博物館（愛知県長久手市）の川島信行さん、愛知県豊田市中央図書館（当時）の上村淳さん、神奈川県大磯町立図書館の高橋彰子さんには取材協力及び貴重な資料を提供いただき、衷心からこの場を借りて感謝申し上げる。

愛知県田原市図書館の大林正智さん、神奈川県湘南大庭市民図書館の道上久恵さん、富山県黒部市立うなづき友学館の内山香織さん、福島県南相馬市立図書館の髙橋将人さん、そして塩尻市の宮田伸子さんには、遠方で入手・確認できない情報収集等で大変お世話になった。同じく感謝申し上げる。

加えて、本文からお気づきの読者もいると思うが、カバーデザインに描かれた8台のクルマは、シトロエンDSとシトロエン2CVを除き、私が所有したことのあるクルマである（シトロエンDS3は現在の愛車）。郵研社の登坂社長から、カバーデザインのアイデアを求められ、デザインはプロにお任せするが、この8台を描いてほしい、とお願いしたのである。ここまで我儘な本づくりを許してくれた登坂社長と、素敵な作品を描いてくれた菊池彰さんに深謝申し上げる。

また、各章の扉に出てくる可愛いクルマの絵は知人の三浦なつみさんが描いてくれた。描いてもらったクルマは全て私が指定したものである。ここまでくると贅沢の極みである。しかもクルマは一度も描いたことがない、という方に無理強いしてしまった。お詫びと感謝申し上げる。

２０１６年８月

内　野　安　彦

内野安彦（うちの　やすひこ）

1956年 茨城県に生まれる。1979年鹿島町役場（現鹿嶋市役所）入所。2007年3月退職。同年4月に塩尻市役所に入所。図書館長として新館開館準備を指揮。2010年7月に新館開館。2012年3月退職。現在、常磐大学、同志社大学等で非常勤講師を務める。筑波大学大学院図書館情報メディア研究科博士後期課程中退。

著書に、『だから図書館めぐりはやめられない』、『塩尻の新図書館を創った人たち』、『図書館はラビリンス』、『図書館長論の試み』、『図書館制度・経営論』、『ちょっとマニアックな図書館コレクション談義』、『図書館はまちのたからもの』等。

クルマの図書館《としょかん》コレクション
～カールチュアの世界への誘い～

2016年 9月 10日　初版第1刷発行

著　者　内野　安彦
発行者　登坂　和雄
発行所　株式会社　郵研社
〒106-0041　東京都港区麻布台3-4-11
電話（03）3584-0878　FAX（03）3584-0797
ホームページ http://www.yukensha.co.jp
印　刷　モリモト印刷株式会社

ISBN978-4-907126-04-9　C0095
2016 Printed in Japan